浙江文化艺术发展基金资助项目

PROJECTS SUPPORTED BY ZHEJIANG CULTURE AND ARTS DEVELOPMENT FUND

浙江文化
基因丛书

吴越◎主编

台州府城

临海文化基因

陈黎　冯上国◎编著

杭州出版社

图书在版编目（CIP）数据

台州府城 ：临海文化基因 / 陈黎，冯上国编著. --
杭州 ：杭州出版社，2025. 1. --（浙江文化基因丛书 /
吴越主编）. -- ISBN 978-7-5565-2728-1

Ⅰ. G127.554

中国国家版本馆 CIP 数据核字第 2024CX7481 号

TAIZHOU FUCHENG——LINHAI WENHUA JIYIN

台州府城——临海文化基因

陈黎　冯上国　编著

策　　划	屈　皓	
责任编辑	邹乐陶	
责任校对	陈铭杰	
装帧设计	魏君妮　王立超　卢晓明	
美术编辑	王立超	
责任印务	王立超	

出版发行 杭州出版社（杭州市西湖文化广场 32 号 6 楼）
　　　　　电话：0571-87997719　邮政编码：310014
　　　　　网址：www.hzcbs.com

排　　版　杭州立飞图文制作有限公司
印　　刷　天津画中画印刷有限公司
经　　销　新华书店
开　　本　710mm×1000mm　1/16
印　　张　19.75
拉　　页　1
字　　数　312 千字
版 印 次　2025 年 1 月第 1 版　2025 年 1 月第 1 次印刷
书　　号　ISBN 978-7-5565-2728-1
定　　价　68.00 元

"浙江文化基因丛书"序

习近平总书记指出："支撑5000多年中华文明延绵至今的，是植根于中华民族血脉深处的文化基因。"①浙江是中华文明的重要发源地之一，文化底蕴深厚，文化名人辈出。一叶红船从嘉兴南湖驶出，在时代浪潮中驭势而行；沿"唐诗之路"踏歌而行，千古诗篇回响在山水之间；还有良渚文化、宋韵文化、上山文化、黄帝文化、南孔文化、和合文化、阳明文化、丝瓷茶文化、古越文化、吴越文化……这些文化基因，共同铸就了浙江的"根"和"魂"。

2024年3月6日，浙江省文化广电和旅游厅印发《浙江省文化基因激活工程实施方案（2024—2026年）》，这是继2020年浙江省文化和旅游厅印发的《浙江省"文化基因解码工程"实施方案（试行）》《浙江省"文化基因解码工程"工作导则》和2021年8月浙江省文化和旅游厅印发的《建设文化标识推进文旅融合行动计划（2021—2025年）（试行）》之后，为更好担负起新时代新的文化使命，深入贯彻省委十五届四次全会部署，在全省实施的又一项文化基因重大工程。

---

① 习近平：《携手建设更加美好的世界》（2017年12月1日），人民出版社，2017年，第3页。

文化基因解码工程，是文化基因激活工程的坚实基础。文化基因，顾名思义，是指从文化形态切入，厘清其历史渊源、发展脉络、基本走向，从物质、精神、制度要素，语言和象征符号等进行分析、解码所提取的关键知识内核。文化基因解码，围绕中华优秀传统文化、革命文化和社会主义先进文化，按照3个主类、20多个亚类、约100个基本类型分别归档，确保历史年代、地理位置、流布范围等数据均记录在册，挖掘、研究、阐释优质"文化基因"，对全省文化资源进行全面梳理。这是一项集"查、解、评、用"于一体的综合性系统工程。全省开展90个县市区的文化基因解码任务，包括文化元素调查、文化基因解码评价、《文化基因解码报告》撰写、证据资料汇总保存建档等，并在此基础上建成"浙江文化基因库"。文化基因解码，起于"查"，终于"用"。"查"就是铺开"一张网"，广泛收集区域内的文化资源，作为"解"的对象。"解"重在找准四大要素，提取一组基因。四大要素是指物质要素（如原料、工具、环境等）、精神要素（如思想观念、群体性格等）、制度要素（如乡规民约、族规家规、礼节礼仪、表演技艺、创作技法等）、语言和象征符号（如方言、图形、标志、表情、动作、声音等）。通过对四大要素的分解梳理，遴选重点文化元素作为解码对象，从中提取出关键性的知识（技术）点。然后通过对选择的文化基因解码，从生命力、凝聚力、影响力、发展力四个维度进行质量评价。最终用基因塑造IP，以文旅IP开发作品、设计产品，以作品、产品点亮城市生活、赋能乡村振兴。浙江以文化基因为根、文旅融合IP为脉，打造了一条以城带乡、城乡互促的发展闭环，推动文化资源的"活化"利用，把解码成果与提高人民群众生活品质相结合，这就是"用"。以人文之美推动精神之富足，增强浙江高质量发展建设共同富裕示范区的文化自觉。

显然，文化基因是传承和创新的基石。文化基因作为一个社会文化系统的逻辑起点，是一个社会存在和进化、变革和发展的决定力量。文化基因解码就是要把社会文化系统中所表现出来的文化形态、思维方式、行动模式、礼仪符号、风俗习惯等加以还原，揭示其本初原因和底层逻辑。改革开放四十余年来，浙江出现了令人瞩目的"浙江现象"，表现为快速的经济增长、蓬勃的发展活力、和谐的社会环境、显著的民生绩效。"浙江现象"源于浙江精神和浙江的文化基因。正确界定、充分挖掘浙江文化的内涵价值，解码浙江的文化基因，对于构建起有效支撑文化建设和旅游发展的"四梁八柱"，推动文化建设和旅游发展各项指标持续名列全国前茅，着力建设新时代文化高地、中国最佳旅游目的地、全国文化和旅游融合发展样板地具有重要而深远的意义。

如何寻找突破口？各地在选"码"、解"码"、用"码"的整个闭环中，成立解码专项小组，构建"乡土专家＋高校资源＋系统人才"三方协作机制，高效推进解码工程。首批编辑出版的"浙江文化基因丛书"中汇集的富阳、南浔、南湖、绍兴、瑞安、平阳、苍南、普陀、岱山、嵊泗、定海、临海、南孔圣地、开化、常山、金华（经开区）、遂昌、云和、景宁、宁波江北等地的研究成果，正是在归纳总结、科学分析浙江文化基因的基础上，探索文化基因解码的方法和路径，同时从人类学、社会学的角度，运用现象学原理，在哲学层面进行解构、剖析，既有理论深度，又能方便应用。丛书勾勒出各地推进文化基因解码工程的概貌。成果本身的内容、方法、转化等，对各地都有很强的示范作用和借鉴意义。

可以说，"浙江文化基因丛书"中的成果，以浙江文化高质量发展为目标，以融合发展为重点，紧扣激活优秀文化基因，以文化基因的挖掘利用赋能文化事业和文旅产业发展，为我省文旅发展再上新台阶、为文化浙江建设贡献了力量。

叶志良

2024年秋于杭州

目　录

前　言

　　"海山仙子国，邂逅寄孤蓬，万象图画里，千岩玉界中。"临海环山面海，气象雄奇，自西汉置回浦县已有2000多年历史。唐武德四年置台州后，临海成为历朝历代府、州、路之治所，临海作为台州政治、经济、文化中心一千三百多年，可谓人文荟萃，声震东南。

　　在临海的发展过程中，先民们创造、积淀了深厚的物质文明和精神财富。走进临海，台州府文庙、郑广文祠、骆宾王祠、三抚基、"任蕃三过"传说呈现了临海文脉之深远，诗情之斐然；龙兴古寺、巾山群塔、紫阳古街描绘出风气之开放，宗教之鼎盛；江南长城、桃渚卫所、戚继光故事彰显着临海抗倭之雄浑壮阔；黄沙狮子、缩山拳法、细吹亭、珍馐美馔体现出此地民俗之灵动风趣。多元融合、开放包容的临海已然成为一座融千年历史文化、江南秀丽山水和现代城市繁荣于一体的文化名城。

　　临海梳理了文化元素351个，涉及3个主类、27个亚类、73个基本类型，覆盖中华优秀传统文化、革命文化、社会主义先进文化等各个类型，基本描绘出古城临海的文化脉络和精神谱系。在此基础上，笔者围绕以府城文化、江南长城、戚继光、紫阳街——张伯端、唐诗之路枢纽地为代表的 22 个重点元素开展论述，写成此书。

以文化基因激活和文化标识打造为抓手，临海凝聚全市合力，加快打造台州地区新时代文化高地。为新时代文化繁荣和文化自信作出应有的贡献。

冯上国

二〇二四年三月

府城文化

台州府城　临海文化基因

府城文化

　　临海是国家历史文化名城，历史悠久，文化底蕴深厚，西汉昭帝时置回浦县，三国吴时设临海郡。临海郡辖区辽阔，北起天台山，南及闽江口，辖区内包含今宁波、台州、温州、丽水、建瓯、福州等五个地区的部分区域。唐武德四年设台州，此后一千三百多年中临海一直是台州地区的治所和行署所在地，是整个台州地区政治、经济、文化中心，素有"小邹鲁"和"文化之邦"的美誉。台州先民在临海府城历史发展过程中创造、积淀了深厚的精神财富和物质文明,可概而称之为"府城文化"。

它主要由和合文化、儒家文化、道家文化、佛学文化、海防文化以及民俗文化组成，具有多元融合的特征和开放包容的精神内涵，如今已形成以临海为核心，辐射台州及东南沿海的影响力格局。

和合文化是台州府城文化的底色。和合文化的基本内涵是在承认差异性的前提下把事物有机地合为一体，是一种互相尊重、和谐共存、共谋发展的卓越智慧，天然具备开放包容、海纳百川的文化气质。

府城作为历史上台州地区政治、经济、文化中心，当仁不让地成为和合文化成型、传播、发展的主阵地。在此背景下，儒、释、道三家文化在府城交融，山川、水乡、海洋文化在府城融合，南方瓯越文明和北方中原文化在府城交汇，形成了璀璨夺目、生机勃勃、多文化共荣的局面。

府城的和合文化与精神源远流长。临海从教化之初，就奠定了和合的基调。首开台州教化的郑虔不但精通经史，而且广泛涉猎天文、地理、博物、兵法、医药，精通百家之学。唐代台州刺史陆淳主张儒、道、佛三家兼融并蓄，为府城和合文化的发展奠定了

基础。隋唐时期，佛教天台宗的创始人之一名僧灌顶"博学多才""玄儒并骛"。宋代道教南宗鼻祖紫阳真人"涉猎三教经书，乃至刑法书算、医卜战阵、天文地理、吉凶死生之术，靡不留心详究"，主张"教虽三分，道乃归一"的"三教一理"思想，形成以儒、道、释同源为特色的道教宗派。宋代赵汝适著《诸蕃志》记述海外50多个国家的方位、风物、贸易交往的情况，是我国历史上第一部海外交通专著，推进了我国东南沿海与世界各国的交融发展。

宋代理学大家朱熹以程颢兄弟的理本论为基础，吸取周敦颐太极说、张载的气本论以及佛教、道教的思想，形成了理学体系，他讲学于临海，使台州文化教育事业得到了迅猛发展，成为东南"小邹鲁"。南宋后期，临海出现了陈耆卿、王象祖、吴子良等浙东学派代表人物，他们先后辉映，各执浙东学术牛耳数十年。

此后，临海的文人士子或博涉群书，或兼通经史，或沉潜六籍，或广取百家，名士辈出、屡有创见。从府城走出去的学者们在全国各地又进一步接纳多元文化，开阔了研究视野，

实现了和合融通。如明代名宦王宗沐为学就坚持"不分门户，以我为用"，他"沉潜乎六籍，泛滥乎百家"，精通经学、史学、文学、海运学等；其族侄王士性，"一官为寄，周游天下"，凡"官司、兵戎、水利、要政，有司文网、督学科条、王官考核，以至中州武备、晋地要害、北寇机宜、辽左战功，皆有立效，令人有不同凡响"，从而开"明一代政界学术之风流"，被誉为"中国人文地理学的开山鼻祖"。清代乾嘉学派代表人物洪颐煊博采众长，经史兼治、勤于著述，兼通经学、史学、诸子学、金石学、文字学等，成为一代鸿儒。

走进今天的台州府城，儒释道三家文化和合共荣。北固山、巾子山上书院、佛寺、道观比邻而立，龙兴寺、兜率寺、嘉祐寺、中斗宫等诸多寺观"共栖一地""三圣共奉一殿"。台州城隍庙与府治同步而建，中唐前在衙门之东，后在衙门之上，始终居北固山不变，形成"人神共治"格局。每年，"城隍出巡"民俗活动也促进了三教戏曲的产生和集市庙会的兴盛，庙内全真派道人还一直秉承祖师教理，实践三教融合，所作功课也是孝经、心经、道德经齐颂。

台州府城的选址、城墙形制亦是三教文化和合之产物，体现出《周礼·考工记》中的儒家礼制与《管子》中道家之不拘一格、因地制宜相结合的城市营建思想。府城选址根据道家学说，以灵江为护城河，城墙顺灵江和北山形势起伏蜿蜒。府衙紧挨"龙脉"，位坐西北，面朝南方。城池形制则完整体现了儒家的礼治思想——城池方六里、讲求方位、坐北面南。同时，城内公共建筑又围绕府治，展现出严格的等级分布和对应功能。民居则以双台门、石道地、马头墙为特征按儒家宗法、伦理、礼仪构成四合院式。

儒释道三家合一固然有皇权统治下为了适应环境、争取民众以图生存和发展的实用性，另一方面也体现了和合文化取人之长，包容和合的先进性，对府民的哲学观念、宗教信仰、文学艺术、礼仪习俗等产生了潜移默化的影响。

在台州府城长期的发展史中，儒家文化无疑是主流。三国时期，东吴政权的建立，改变了临海远离政治中心的局面。太平二年（257）临海郡的设立，更为临海迎来了历史上第一次儒学发展高潮。西晋时期，儒学蔚然成风。据《晋书》记载，临海任旭的父亲官至南海太守，任旭本人"学识通博"，成为列传正史的第一位台州人。南朝孙诜《临海记》载，六朝时期章安的"菊酒之辰"，当地的文人雅士集会吟诗饮酒形成习俗。另外，在两晋时期，孙绰、郗愔等都是临海儒学的先行者。隋唐时期，临海成为台州地区政治文化中心，儒学得到进一步发展。至德二年（757），由于安史之乱之变故，郑虔被贬台州。他以台州文教为己任，对台州民众"教以正学，启以民彝"，自此"家家礼乐，人人诗书"。此后，历代官员和文人的下派、贬谪或游走临海，在不同程度上推动了儒学的发展。至宋代时，府城内文教昌盛，府学、县学、藏书楼、书院大量出现。儒学以钱、谢两族为代表，人才辈出，理学名家徐中行父子数十年如一日讲学，理学宗师朱熹亲临府城执鞭。宋室南渡后，作为辅郡的台州府城迎来政治、经济、文化的全面繁荣，集市遍布，工艺技术臻于完美。同时，宋室皇族和高官名人迁入台州，使人口和文化水平得到极大的提升。元明两代，儒学继续兴盛，元周润祖，

明金贲享、王宗沐等名士倡导理学，儒学理念深入人心，名士高官辈出，为历代之最。

以台州府城与东湖为代表的军事防御、抗击洪灾的基础设施，亦是儒家思想之外化体现。台州府城"上流天（台）仙（居）之山水，下涌灵江东海之浪潮"，水患极多、影响深重，"府民恃城以为命"。因此，治水防洪是保障百姓安居乐业的重大民生事业，也是历代府城当政者的首要任务。

为了治水防洪，府城以治水为中心进行城市规划与建筑设计。首先，府城建造城墙以御水流，开挖东湖蓄水排涝。在临江的西南两面筑起高厚的城墙阻挡水流，设水门启闭，同时在低洼的东面挖出东湖、开出护城河，蓄洪排涝。其次，府城内外开河渠、凿井塘，构筑水网，以利疏导。宋代对河渠、井塘加以修浚形成河街水巷，石桥飞架。此外，唐代挖二十八口井，宋代再凿三十二口，还修筑了不计其数的大小水塘，用以调蓄水量、减少街巷进水面积和时间。最终形成了以墙、湖、河、井、塘为基础的防洪治水体系。

台州府筑城始于东晋，唐代州治

定于临海北固山麓，此时正值全国筑城高峰期，当局者亦对临海城墙进行大规模扩建。唐以后的台州或临海执政者均无例外地以修城为首务，平战结合，重点防水。此外，城墙在建筑形制上作了创新，不惜削弱军事功能突出防洪护民作用。比如，在最险要地段采取独特的"露龈"和"弧形马面"设计，减弱洪水冲击力，同时堵塞括苍门、配合开启水门（水关）等。从府城的大格局布置到建筑设计，民生、人文、历史、军事、政治、自然，诸要素和谐地融合一体，无一不体现以治水为中心，爱护民生的儒家思想精神。

与此同时，依山靠海的台州自明代起一直是我国东南沿海的海防前线，因倭寇入侵而建立的海防军事体系和历代台州军民恢宏壮烈的海防抗倭历史孕育了深厚的海防文化。

自秦汉以来，中国古代边患均在北方，而到了明代，东南沿海的倭患逐渐猖獗。明王朝"闭关锁国"的政策使得沿海许多百姓失去生计，加之当时日本南北割据，国内动乱，大批浪人和武士失去领主，跑到中国沿海荼毒百姓，形成了"倭患以浙江为最，

台州又首当其冲"的局面。自明洪武二年（1369）起，台州的沿海地带就屡遭倭寇侵扰。明洪武十六年（1383），朱元璋下决心加强海防建设，遣信国公汤和巡查东南。汤和用方鸣谦"戍海固岸"的海防策略，在浙江完成五十九座所城的建造工作，从此，"浙人赖（所城）以自保"。临海的桃渚所城建于明洪武二十年（1387），曾多次迁址，是彼时所筑五十九座所城之一，现为明代浙江沿海卫所中唯一保存完好的建筑。

戚继光是台州乃至东南沿海抗倭历史上的关键人物，是我国"抗倭首将，民族英雄"。嘉靖三十四年（1555），戚继光一调任浙江就着力抵御倭寇，九战九捷。此后，他组建抗倭劲旅戚家军，研发抗倭军阵"鸳鸯阵"，加厚巩固台州府城墙，独创"空心敌台"建筑，以"大创尽歼"的灭倭战策，使浙江倭患得以基本平息。

从此，以卫所遗址、台州府城墙、戚继光抗倭史为载体的海防文化成了府城文化的重要组成部分，它彰显了中华民族儿女的卓越军事、战争智慧以及保家卫国的决心和毅力。

在府城漫长的历史中，山海雄奇

的地理位置、瓯越与中原的文化交融、东南海防的恢弘历史、儒释道三家的和合共荣，孕育了府城民间丰富多彩的民俗活动。较为典型的民俗活动包括正月初一拜坟岁、祭祖先，正月初八转山，每年三月的南山殿张元帅迎会，均是带有民间信仰的感恩、报恩活动。焜春焚烧樟木碎屑、除虫驱秽的接春，又蕴含了道家的医药原理。最特别的是闹元宵和过中秋，元宵节吃糟羹与南朝梁代正月初八以七种菜为羹的古俗有关，但现在还盛行不衰的唯有台州府城。同时，此夜府城房屋"间间亮"、看灯会、赏细吹亭等活动源于明代府城百姓为戚继光点灯剿敌的历史故事。中秋吃糖霜饼、坐唱临海词调、听道情、舞黄沙狮子、吃糟羹、吃光饼等都与元代方国珍孝母、明代戚继光备战有密切联系。

小吃是府城民俗文化中的重要组成部分。府城传统小吃见诸文字的有141种，分节庆、时令、养生、特产、生产性、纪念性、消遣性7大类，其中现身节庆时令的近20种，以正月十五元宵节和八月十五中秋节的节庆时令小吃最有代表性。节庆时最常见的是以瓜菜、杂粮为基本原料，结合野生植物、河海生物的传统饮食。府城最道地、最受欢迎的小吃——麦油脂和糟羹是"身土不二"的宗教理念和"不时不食"养生原则的最好体现。其中，麦油脂包裹大杂馅具有和合理念。

曾作为台州府城的临海，生动鲜明地表现出开放、包容的文化气质和多元文化交融的现象。南方文明与北方文明交汇，精英传统与民间传统交相辉映，儒释道共处互融，为整个台州塑造城市灵魂、张扬城市个性、推进城市发展提供了坚实、厚重的文化基础和思想基石。新时代的府城人应立足文化根基，提升文化品质，提高文化品位，打造文化名片，化和合府城文化的魅力为动力，营造人文环境、引领社会思潮、凝聚发展力量，再创千年古城的辉煌盛况。

一、要素分解

（一）物质要素

1. 巍峨雄伟的台州府城墙

台州府城墙，又称江南长城、江南八达岭，全长 6000 余米，现存 5000 余米，东起揽胜门，沿北固山山脊逶迤至烟霞阁，于山岩陡峭间直抵灵江东岸，延伸至巾山西麓，依山就势，俯视大江，尤以北部最峻。台州府城墙始建于东晋，历史上曾多次重建及修缮，元朝时期台州府城墙以其防御水患的重要功能免于拆除，清康熙五十一年（1712）建瓮城。台州府城墙是一座具有军事防御与防洪双重功能的府城城墙。历代当政者到任后，均以防洪为工作重心，致力于保护民众免受水患侵扰、安居乐业，是儒家思想中"仁爱"思想之外化。2001 年 6 月，台州府城墙被中华人民共和国国务院公布为全国重点文物保护单位。2012 年 11 月，由台州府城墙等组成的"中国明清城墙"被列入《中国世界文化遗产预备名单》。

2. 秀丽旖旎的东湖

东湖位于临海古城东侧，开凿于北宋年间，原为水军舶船屯兵之所。北宋熙宁四年（1071），台州郡守钱暄垒石修城导致大水漂溢，因此疏浚凿建而成湖，后辟为园林。自宋以降，东湖代代屡有浚修，尤其是清康熙十八年（1676）和同治十年

（1871），经台州知府鲍复泰、刘璈先后两次修缮之后，规模甚为可观。如今已成为台州园林之首的东湖具有蓄水功能，在府城防洪抗灾工作中起到重要作用，是保护民众安居乐业的重要基础设施。

3. 中国历史文化名街

紫阳街之名取自南宗始祖紫阳真人张伯端，是临海市第一古街，也是府城文化的集萃地。古街全长1080米，街上古迹数量众多，文化形态丰富，有纪念紫阳真人的石碑、紫阳桥和紫阳坊、紫阳故里、紫阳宫遗址，有具备防火功能的宋代坊墙，有明万历十九年（1591）五位举人立的"五凤坊"，有二、三百年历史的古井。紫阳街北端北固山上有纪念台州文教鼻祖郑虔的郑广文祠，紫阳街的北端与台州府衙遗址毗邻的台州府文庙，是台州最大的文庙府学。经保护性修缮的台州府文庙显得庄重、古朴，成为展示台州府城历史文化和开展爱国主义教育的重要场所。

4. 天台宗祖庭龙兴寺

龙兴寺位于巾子山西麓古城墙边，为台州之首寺。自唐以来，寺僧思托六随鉴真东渡弘法，讲说天台宗义。

日僧最澄入唐求学，久驻龙兴寺，研习天台教观，抄录经文，并授菩萨戒，回国后创立日本天台宗。因此，龙兴寺是日本佛教天台宗的重要发祥地，而今也成为中日佛教文化交流的重要场所。

5. 庄严肃穆的台州府文庙

台州府文庙始建于北宋宝元二年（1039)，是台州州学之所在。明清时期，台州文庙府学规模有所扩大，呈现出右庙左学的新格局，开创了台州文庙"庙学合一"的新体制。2005年，台州府文庙重新修缮落成，重建后的台州府文庙有大成门，名宦祠，乡贤祠，东、西两庑，杏坛，露台，大成殿，明伦堂，启圣殿等，占地5000多平方米。为了弘扬中华优秀传统文化，表达对古代先贤的敬意，每年9月29日文庙内会举办孔子诞辰纪念。

6. 雄厚方正的桃渚古城

桃渚城始建于明洪武二十年（1387），初建于距离现今桃渚城10千米的上盘镇新城村旧城山。由于该城址过于近海，既不利于防守，又易遭台风海潮袭击，桃渚城两次内迁。明正统八年（1442—1443），桃渚城最后一次内迁，时任户部右侍郎的焦宏亲自督造，形成了现在桃渚城的雏形。它三面枕山，一面临海，地形复杂，易守难攻，是一个国防要塞，为兵家必争之地。此后，桃渚城历经多次修葺、增补，形成了现今的规模。桃渚城城墙呈方形，东西长376米，南北宽390米，用条石块砌筑，周长1366米。城原有敌台12个，均建在"马面"上，于20世纪50年代被拆毁。桃渚城整体呈明代风貌，城内街道建筑保持明清建筑格局。城有三门，分别设于东、南、西三面，三门均建有瓮城，城门呈拱券形。城外东南两面旧有护城河，现东面尚存。

桃渚古城在国内现存明代抗倭卫所遗迹中保存最为完好。古城墙的建筑材料为明代原砖原石，城内街巷保持着互不望底的军事格局，街巷内的古宅古居也保存着明清原貌，此外还留存有12座配套烽堠、古航道、古战场等海防体系建筑物。2001年，桃渚城被列为国家重点文物保护单位。

（二）精神要素

1. 开放包容的府城精神与和合共荣的文化底色

和合文化是台州府城文化的底色。和合文化的基本内涵是在承认差异性的前提下把事物有机地合为一体，是一种互相尊重、和谐共存、共谋发展的卓越智慧，天然具备开放包容、海纳百川的文化气质。府城作为和合文化发祥地天台山的近邻以及唐代以后台州地区政治、经济、文化中心，当仁不让地成为和合文化成型、传播、发展的主阵地。在此背景下，儒释道三家文化在府城实现融合，山川、水乡、海洋文化在府城凝聚，南方瓯越文明和北方中原文化在府城交汇，形成了璀璨夺目、生机勃勃、多文化共荣局面。

2. 儒释道三教合一的发展理念

台州府城是儒释道三教合一的发展典范。府城内，北固山、巾子山上书院、佛寺、道观比邻而立，龙兴寺、兜率寺、嘉祐寺、中斗宫等诸多寺观"共栖一地""三圣共奉一殿"。台州城隍庙与府治同步而建，中唐前在衙门之东，后在衙门之上，始终居北固山不变，形成"人神共治"格局。同时，"城隍出巡"民俗活动也促进了三教戏曲的产生和集市庙会的兴盛，庙内全真派道人还一直秉承祖师教理，实践三教融合，所作功课也是孝经、心经、道德经齐颂。儒释道三教合一体现了和合文化取人之长，包容和合的先进性，对府城百姓的哲学观念、宗教信仰、文学艺术、礼仪习俗等产生了潜移默化的影响。

3. 崇文重教与尚武自强融合的人生追求

临海人身上自古有崇文重教、尚武自强融合后形成的高尚的人生追求，展示出求真务实的文化品格与包容创新的时代气质。

（三）制度要素

1. 丰富多彩的民俗节庆和演艺

在府城文化 1400 年的历史中，山海雄奇的地理位置、瓯越与中原文化的碰撞交融、东南海防的恢弘历史、儒释道三家的和合共荣孕育了府城民间丰富多彩的民俗活动。较为典型的民俗活动包括正月初一拜坟岁、祭祖先，正月初八转山，每年三月的南山殿张元帅迎会，均是带有宗教色彩的感恩、报恩活动。焜春焚烧樟木碎屑、除虫驱秽的接春，又是道家的医药原理。最特别的是闹元宵和过中秋，元宵节吃糟羹与南朝梁代正月初八以七种菜为羹的古俗有关，但现在还盛行不衰的唯台州府城。同时，此夜府城房屋"间间亮"、看灯会、赏细吹亭等活动源于明代府城百姓为戚继光点灯剿敌的历史故事。中秋吃糖霜饼、坐唱临海词调、听道情、舞黄沙狮子也与元代方国珍孝母、明代戚继光抗倭备战有密切联系。

2. 特色鲜明的府城小吃制作技艺

台州府城传统小吃源远流长，品种繁多，以面食为主，包括蛋清羊尾、麦虾、马蹄酥、羊脚蹄、乌饭麻糍、糟羹、麦油脂、垂面饭、核桃姜汁、青团、青饼等等。其中蛋清羊尾被收入《中国菜谱》一书，并与府城的民俗紧紧结合在一起。小吃就是台州府城民俗文化的重要组成部分，如除夕夜家家户户包麦油脂，祭祀祖宗过大年，正月十四夜元宵节吃糟羹闹元宵，清明节做青团祭祖，四月八日人牛同食乌饭等习俗，千百年来传承不衰。

3. 庄严肃穆的府城祭孔典礼

祭孔大典是华夏民族为尊崇和怀念至圣先师孔子及历代儒家先贤、重视教育文化传承而一直举行的盛大典礼仪式。2005 年，台州府文庙重新修缮落成后府城于每年孔子诞辰日（9月 28 日）在此举办祭孔大典。目前台州府的祭孔大典仪式遵循清朝礼制，于孔子诞辰当天上午举行，包含开幕仪式、献供仪式、秉烛献敬、致祭祠、三跪九叩首大礼祭拜、社会人士祭拜等，其间夹入国学经典诵读、古典乐舞、大同诵合唱等，以示"国泰民安，天下大同"。整个祭祀仪式既有传统特色又融入了当代气息，对尊师重教、激扬民族精神、推进道德建设具有重要促进作用。

4."戍海固岸"的海防理念和卫所制度

明代信国公汤和奉命"巡视海上"，问计于出身台州"水师世家"的方鸣谦（方国珍从子）。方鸣谦于明洪武间曾任广洋卫指挥，熟悉海上防务，他建议："倭海上来，则海上御之耳。请量地远近，置卫所。陆聚步兵，水具战船，错置其间，俾倭不得入，入亦不得传岸，则可制矣。近海民四丁籍一以为军，戍守之，可无烦客兵也（《明史·汤和传》）。"这就是著名的"戍海固岸"海防观。"御敌于海"，即置战船以巡海，御敌于海上，"固防于岸"，即选海岸要冲之地建卫所城以防守，达到"海陆兼防"的效果。明代海防"卫所"制度源于台州，它奠定了明清（鸦片战争前）海防事业的思想基础。后抗倭名将胡宗宪、郑若曾、谭纶的"御海洋、固海岸"海防论由此发展而来。洪武二十一年（1388），汤和与方鸣谦在浙江共筑五十九座卫所。

二、核心基因提取与评价

基于对材料的全面、深入分析，可将本文化元素的核心基因表述为"开放包容的府城精神与和合共荣的文化底色""崇文重教与尚武自强融合的人生追求""儒释道三教合一的发展理念""丰富多彩的民俗节庆和演艺"。

府城文化核心文化基因评价依据

评价项目	评价因子	评价依据（特点）	是否
生命力评价	文化基因存续的时间	自出现起延续至今，未曾明显中断	√
		自出现起延续至今，但多次衰微、中断后复兴	
		曾明显衰败，改革开放后开始复兴或历史溯源关键环节缺失，难以考证	
		文化形态主体已灭失，现存部分痕迹	
	文化基因的稳定性	在发展过程中保持相当稳定的状态	√
		在发展过程中存在明显的精神内涵、表现形式剧变	
凝聚力评价	文化基因的凝聚力及社会动员效果	曾广泛凝聚起区域群体的力量，显著推动过社会经济文化的发展	√
		曾部分凝聚起区域群体力量，对社会经济文化的发展产生过影响	
		凝聚过力量，创造过实际的发展动能，但未见对社会经济文化发展产生显著改变	
		仅在历史文献或口耳相传中存在，未见实际介入社会经济发展	

评价项目	评价因子	评价依据（特点）	是否
影响力评价	辐射的范围	具有全国性、世界性的影响力	
		具有长三角区域、浙江省影响力	√
		具有市县、乡镇影响力	
	提炼的高度	已经被古代文人士大夫和当代学者提炼为精神符号和理念理论	√
		单纯的样式、造型、工艺技术规范	
发展力评价	与当代精神追求和价值观念的契合	传统文化基因得到创造性转化、创新性发展；区域革命文化基因被完整继承、广泛弘扬；区域社会主义先进文化基因成为与浙江"三个地"相适应的文化高地	√
		部分转化、部分弘扬、部分发展	
		难以转化、难以弘扬、难以发展	

说明：基因特点评价是对解码出来的基因，根据本《导则》表2的要求，围绕"四个力"逐一对表打"√"，进行定性表述

（一）生命力评价

临海建制于三国时期，自唐武德四年设台州后的1400年中，它都是州治所在地，是整个台州地区政治、经济、文化中心，素有"小邹鲁"和"文化之邦"的美誉。"儒释道三教合一的发展理念""崇文重教与尚武自强融合的人生追求""丰富多彩的民俗节庆和演艺"等核心基因分别形成于府城发展的各个历史阶段，以建筑、历史、传说、节庆、民俗演艺、食物等各种形式在府城内得到了良好的传承和发展，"开放包容的府城精神与和合共荣的文化底色"则为多重文化的和谐共生提供了开放、包容的文化土壤。四大核心基因自出现起延续至今，未曾明显中断，在发展过程中保持相当稳定的状态。

（二）凝聚力评价

"和合共荣的文化底色""崇文重教与尚武自强融合的人生追求""开放包容的府城精神""丰富多彩的民俗节庆和演艺"为府城文化的核心基因，对人们的哲学观念、宗教信仰、文学艺术、礼仪习俗等产生了潜移默化的影响，因此具备极强的凝聚力及社会动员效果，曾广泛凝聚起区域群体的力量，显著推动了府城政治、经济、军事、文化的发展。

（三）影响力评价

台州府城文化主要表现为以临海为中心、辐射台州各县及周边地区的整体生活方式、价值体系及临海区域社会历史发展过程中所创造的精神财富，其核心基因"开放包容的府城精神与和合共荣的文化底色""崇文重教与尚武自强融合的人生追求""儒释道三教合一的发展理念""丰富多彩的民俗节庆和演艺"，已被古代文人士大夫和当代学者提炼为精神符号

和理念理论，具有长三角区域、浙江省影响力。

（四）发展力评价

文化是城市的灵魂和生命，也是城市未来发展的生命力和原动力。因此，加强构建当代城市人文精神是一项重要而迫切的任务，立足文化根基，弘扬文化品质，提高文化品位，打造文化名片，化和合府城文化的魅力为动力具有重要的价值和意义，是营造人文环境、引领社会思潮、凝聚发展力量所不可或缺的力量。深入挖掘、转化利用府城文化是临海乃至台州地区城市发展的重要途径，府城文化的核心基因"开放包容的府城精神与和合共荣的文化底色""崇文重教与尚武自强融合的人生追求""儒释道三教合一的发展理念""丰富多彩的民俗节庆和演艺"与当代精神追求和价值观念契合，具有创造性转化、创新性发展的潜力。

三、核心基因保存

"开放包容的府城精神与和合共荣的文化底色""崇文重教与尚武自强融合的人生追求""儒释道三教合一的发展理念""丰富多彩的民俗节庆和演艺"是府城文化的核心基因,其资料保存如下:《嘉定赤城志》《广志绎》《悟真篇》《三台文献录》《王士性集》《赤城集》《宋高僧传》《临海水土记》《临海县志》《临海异物志》《临海揽要》《临海文物志》等古籍、文字资料保存于临海市文化基因解码调查组资料库;《台州府城墙》等 37 项图片资料保存于临海市文化基因解码调查组资料库;台州府城墙、东湖、台州府文庙等实物资料位于临海市市区。

江南长城

台州府城 临海文化基因

江南长城

　　江南长城，即台州府城墙，始建于东晋安帝元兴元年（402），扩建于唐高祖武德四年（621），定型于宋，完善于明清。台州府城墙规模不大，但却逶迤曲折，雄险壮观，具有鲜明的特色和独特的历史文化价值。

　　在中国古代，城墙的基本功能是军事防御。江南长城因面临水患，除军事防御外还强化了防洪功能。每年夏秋台风暴雨之后，灵江上游洪水直冲台州城西门，而后绕城向东而去，同时，东海大潮回溢倒涨形成潜在威胁，因此，江南长城在防洪过程中发挥着保护民众生命财产安全的重要作用。

　　江南长城的防洪功能源于其独特的建筑构造，主要有五点：

　　一是独特的马面。江南长城西门至小南门城墙上的马面，迎水一面为弧形或斜形，以利水流畅通，提高城墙的安全系数；

二是露龈造技术。沿灵江的西面城墙墙体上，砖石被砌成锯齿形，砖层自下而上有收分，墙表显出层层微小的台阶，有效地增强了江南长城的防洪能力；

三是门台"天窗"建筑。江南长城木质城门大大高于城门拱券，在城门中间顶上留下一个长方形的空间，以利于防洪；

四是捍城和护城。始筑于宋理宗绍定二年（1229）的捍城和护城是城墙的辅助性建筑，外称捍城，内曰护城，捍城能加固城墙的基础，护城则有助于城墙增强抗力；

五是砖石包砌技术。宋仁宗庆历五年（1045）六月，洪水肆虐，台州城毁人亡。宋仁宗先后遣彭思永、元绛至台，聚台州各县之力，组织实施了城墙里外的砖石包砌工程，极大地提高了城墙的稳固性和抗水性。

除了防洪功能，江南长城还具有卓越的军事防御功能，其军事建筑形制尤以"空心敌台"为后人称道。抗倭名将戚继光防守台州七年余，于桃渚城、台州府城修筑 15 座二层空心敌台，极大地增强了台州府城的防守能力。戚继光调往北方后，大规模应用空心敌台和砖石包砌技术，先后建造了 1448 座空心敌台，山海关至山西黄河边的长城在规格、形制、结构上与江南长城都有很多相似之处。因此，筑城技术、防御功能的增强影响了后来明长城的修建，可以说，江南长城是明长城的"师范"和"蓝本"。大量明清重建的城墙，随着冷兵器时代的结束而消失。台州府城因肩负着防洪功能而得到保护修缮，成为我国现存最古老的城墙之一。

一、要素分解

（一）物质要素

1.“青山入城，江水环郭”的独特环境

江南长城始建于晋，其北枕北固山，东临东湖，西、南面灵江汇永安与始丰之水绕城而过。城依山、山傍水，水抱城，山、水、城相融。江南长城依山就势，逶迤曲折，气势恢宏，宛如巨龙飞舞，人称“江南八达岭”。长城内外更是青翠欲滴、雄险壮观，既有江南之灵秀生动，又不失边塞之苍凉豪迈。

2. 精巧实用的城墙附属

江南长城城墙附属建筑物数量多，样式丰富。目前存有靖越、兴善门、镇宁门、朝天门四座清代瓮城。城门结构基本相同，门墙由门台和砖墙组成，门洞均呈拱券状，启闭的门设在门洞中心偏内位置，门洞中间上方开有“天窗”，门外侧设有防洪闸槽。靖越、兴善、朝天三门瓮城均呈半圆形，镇宁门瓮城则介于半圆半方之间。江南长城的总体规模、城墙尺度、用砖规格、城门结构等均与其时台州府的城市行政地位军事地位相对等，而且其平面布局依山就水，不求规整，见证了中国明清时期南方地区“府城”城墙的特征。

（二）精神要素

1. "抗击倭寇、保家卫国"的爱国主义精神

抗倭名将戚继光防守台州七年有余，兢兢业业，创造性地建设了空心敌台，极大地增强了台州城的防守能力，为台州及整个东南沿海倭患平息、百姓安居乐业做出了巨大的贡献，体现了戚继光和抗倭将士们卫国戍边的赤子情怀。

2. 不拘一格，因地制宜的城市营建思想

在中国传统文化中，城市选址历来是十分重要的课题，江南长城的选址体现出前人的远见卓识。在古人的眼中，台州人杰地灵，史载："台郡山海雄奇，磅礴郁积之气，汪洋浩渺之观，实为两浙最。"府城之内，则有巾子山"当城之巽隅，顶有双塔，形家号双鸢峰，故台多父子兄弟联登甲第者"。其山两峰高耸，山势兀突，与后山相对为屏。三台在城南5千米，为府城案山。三江在城西6千米，乃天台、仙居之水与灵江汇聚处。江水环抱朝天、镇宁、兴善、靖越诸门，一步三顾，屈曲潆回，盘桓东折，朝于东海，成三面环绕的"金城环抱"之势。后以北固为龙脉，以白云为祖山。北固山又称龙顾山，东西绵延1500余米，开怀蓄势，高峻雄奇，阻绝西北之寒冽，迎纳东南之阳和。所谓"水深处民多富，浅处民多贫，聚处民多稠，散处民多离"，灵江环抱府城之水正是"深处""聚处"，便利舟楫，可通四方商贾，还易于灌溉饮用，故而民必"多富""多稠"。诚如宋陈耆卿在《嘉定赤城志》中赞曰："以今城垒，骋目而望，据大固山，介天台、括苍间，巾峰对峙，如入几席，天台、仙居二水别流至三江口而合，萦迂演迤，环拱其郛，岩光川容，吞吐掩映于烟云缥缈之际，真足以奠城社，表宅里，聚廛市，以雄跨一方矣。"可见，江南长城的选址集秀丽的自然风光、深厚的人文底蕴、便利的交通条件和水利条件、宜居且易于军事防守的地形条件于一身，体现了前人的远见卓识。

（三）制度要素

1. 兼具军事和防洪双重功能

台州府城具有非常强的军事防御功能。北宋庆历年间，暴雨引发洪水冲毁了台州府城墙，知州彭思雨修复

城墙，"城筑高于前，而坚亦如之"。此次修复工程在原有夯土墙外包青砖，增强稳固性和刚度，西南临水面用条石砌筑，后来台州太守钱暄"增治城堞，垒石为台，作大堤捍之"，较大地强化了防灵江洪水的能力。时至今日，古城墙在防洪中依然发挥着保护民众生命财产安全的重要作用。

2. 注重防洪的建筑形制

江南长城建筑构造极为独特。一是马面形态独一无二，迎水一面建筑成弧形和斜形，以利水流畅通，提高城墙的安全系数。二是特殊的露龈造技术。沿灵江的西面城墙墙体，用砖石砌成锯齿形，砖层自下而上有收分，墙表显出层层微小的台阶，以增强城墙的防洪能力。三是与众不同的门台"天窗"。城门中间的顶上留下一个长方形的空间，使城门洞中央的木门在高度上大大高于城门拱券，如此来确保洪水不入城。四是强化防洪功能的捍城和护城。作为城墙的辅助性建筑，捍城能加固城墙的基础，护城则有助于城墙增强抗力。

3. 实用的砖石包砌技术

宋仁宗年间，台风、暴雨、海潮成灾，冲毁城墙。太常博士彭思永至台督修，聚台州各县之力，历三旬而修复城墙。修复完工次年，元绛到任知台州，组织实施了台州城墙里外的砖石包砌工程。虽然在此以前将夯土墙用砖石包砌的有后赵的邺城、南朝齐的建康城和隋唐洛阳城等几个实例，但这些城墙均在元代拆毁城池运动中被毁，而台州府城因肩负着非常重要的防洪功能得以幸免，并不断加以保护修缮，成为现存最古老的砖石全面包砌的城墙。

二、核心基因提取与评价

基于对材料的全面、深入分析，可将本文化元素的核心基因表述为"'青山入城，江水环郭'的独特环境""'抗击倭寇、保家卫国'的爱国主义精神""兼具军事和防洪双重功能"。

江南长城核心文化基因评价依据

评价项目	评价因子	评价依据（特点）	是否
生命力评价	文化基因存续的时间	自出现起延续至今，未曾明显中断	√
		自出现起延续至今，但多次衰微、中断后复兴	
		曾明显衰败，改革开放后开始复兴或历史溯源关键环节缺失，难以考证	
		文化形态主体已灭失，现存部分痕迹	
	文化基因的稳定性	在发展过程中保持相当稳定的状态	√
		在发展过程中存在明显的精神内涵、表现形式剧变	
凝聚力评价	文化基因的凝聚力及社会动员效果	曾广泛凝聚起区域群体的力量，显著推动过社会经济文化的发展	√
		曾部分凝聚起区域群体力量，对社会经济文化的发展产生过影响	
		凝聚过力量，创造过实际的发展动能，但未见对社会经济文化发展产生显著改变	
		仅在历史文献或口耳相传中存在，未见实际介入社会经济发展	

评价项目	评价因子	评价依据（特点）	是否
影响力评价	辐射的范围	具有全国性、世界性的影响力	√
		具有长三角区域、浙江省影响力	
		具有市县、乡镇影响力	
	提炼的高度	已经被古代文人士大夫和当代学者提炼为精神符号和理念理论	
		单纯的样式、造型、工艺技术规范	√
发展力评价	与当代精神追求和价值观念的契合	传统文化基因得到创造性转化、创新性发展；区域革命文化基因被完整继承、广泛弘扬；区域社会主义先进文化基因成为与浙江"三个地"相适应的文化高地	√
		部分转化、部分弘扬、部分发展	
		难以转化、难以弘扬、难以发展	

说明：基因特点评价是对解码出来的基因，根据本《导则》表2的要求，围绕"四个力"逐一对表打"√"，进行定性表述

（一）生命力评价

江南长城肇始于东晋，在历史长河中历经多次损毁、修缮保存至今，在台州城的防洪工作中起到重要作用。因此，江南长城"'青山入城，江水环郭'的独特环境"核心基因得以保存，"'抗击倭寇、保家卫国'的爱国主义精神"核心基因依托历代台州官民的抗倭守边故事而得以传承发扬，"兼具军事和防洪双重功能"核心基因则因江南长城重要的防洪功能得以保存。总之，江南长城的核心基因自出现起延续至今，未曾明显中断，在发展过程中保持相当稳定的状态。

（二）凝聚力评价

自古以来，江南长城都是我国抗倭的重要文化符号和抗洪

的重要工具，凝聚着历代台州民众的精神力量，寄托着百姓对安定、幸福生活的向往。因此，作为江南长城的核心基因，"'青山入城，江水环郭'的独特环境""'抗击倭寇、保家卫国'的爱国主义精神""兼具军事和防洪双重功能"始终广泛凝聚着区域群体的力量，显著推动过社会经济文化的发展。

（三）影响力评价

自古以来，江南长城在台州地区的抗倭、抗洪事业中具有举足轻重的影响力，是东南沿海抗倭屏障中的重要一环，是抵御灵江洪水的核心力量。在古军事建筑领域，独特的马面结构、砖石全面包砌技术、空心敌台等形制是我国各地军事建筑的蓝本。近年来，江南长城被评为县级、省级乃至全国重点文物保护单位，入选"中国世界文化遗产预备名单"。作为江南长城的核心基因，"'青山入城，江水环郭'的独特环境""'抗击倭寇、保家卫国'的爱国主义精神""兼具军事和防洪双重功能"核心基因中既有样式、造型、工艺技术规范，又有精神符号和理念理论，具有全国性、世界性的影响力。

（四）发展力评价

作为重要的防洪基础设施，江南长城扮演着无可替代的角色，同时作为重要的历史文化遗产，它具有丰富的遗产价值和活化利用价值。其独特的军事建筑技艺、防洪建筑技艺具有较强的发展潜力。近年来，古城研究展览、场馆建设、古城文化节、体育赛事、非遗展演等活动广泛开展，发展成效显著。因此，作为其核心基因，三大核心基因具有创造性转化、创新性发展的巨大潜力。

三、核心基因保存

"'青山入城，江水环郭'的独特环境""'抗击倭寇、保家卫国'的爱国主义精神""兼具军事和防洪双重功能"作为江南长城的核心基因，基因保存如下：

《台州府城墙》等文字资料保存于临海市文化基因解码调查组资料库。另外，出版物和古文古籍有《台州编年史》《台州府城墙》《历史文化名城临海》《临海概览》《临海盛景》《府城史话》《丹翰菁华》《诗文撷英》《台州府城史迹寻踪》《临海胜迹录》《台州府城古井》。《江南长城》调查采访记录保存于临海市文化基因解码调查组资料库。《江南长城全貌》《江南八达岭》《北固门》等21项图片资料保存于临海市文化基因解码调查组资料库。《江南长城》《临海台州》等视频资料保存于临海市文化基因解码调查组资料库。江南长城保存于临海市境内。

戚继光

台州府城 临海文化基因

戚继光

　　戚继光，字元敬，是我国历史上杰出的军事家，伟大的民族英雄。戚继光风流倜傥，爱好读书，世袭登州卫指挥佥事，联合俞大猷等抗击倭寇十余年，扫平为祸多年的倭患，确保了沿海人民的生命财产安全。后来，他镇守北方，抗击蒙古部族内犯，保障了北部疆域的安全，促进了蒙汉民族的和平发展。

　　"南倭北虏"，即东南沿海一带的倭寇和北部边境的蒙古骑兵，是长期困扰明朝廷、危及大明江山社稷的两大问题。而这两大难题在戚继光、谭纶、俞大猷、胡宗宪、李成梁、张居正、王崇古等文臣武将的齐心协力下被解决。这一过程中，戚继光居首功，他南歼倭寇，北御鞑靼，为保卫国家安全奋斗了一生，立下了汗马功劳。

在临海，戚继光尤以抗倭功绩为后人缅怀、敬仰。自元末起，倭寇频频侵扰东南沿海，明嘉靖年间最为猖獗。当时，浙江东部台州、温州、宁波、绍兴及嘉兴等府，无一例外地受到倭寇的侵扰。台州府则成为倭患侵扰的重灾区，辖内临海、黄岩、天台、仙居、太平（今温岭）、宁海六县经常遭到倭寇的蹂躏。正统四年（1439）五月，数千倭寇分乘40多艘战船突袭临海桃渚，攻破城池，大肆抢杀。一时之间"官庾民舍，焚劫一空，驱掠少壮，发掘冢墓，束婴竿上，沃以沸汤，视其啼号，拍手笑乐。捕得孕妇，卜度男女，刳视中否为胜负饮酒。荒淫秽恶，至有不可言者"，桃渚城内外，"积骸如陵，流血成川，城野萧条，过者陨涕"。

在倭患形势如此严峻的情况下，戚继光调任浙江。嘉靖三十四年（1555）七月，戚继光随总督胡宗宪参加抗倭，提出了不少好建议，在短时间内就赢得了胡宗宪及其幕僚徐渭的赏识。嘉靖三十五年（1556）七月，经胡宗宪提议，29岁的戚继光担任宁绍台参将。

戚继光上任伊始的八月，一股人数在800余名的倭寇团伙进犯龙山所（今慈溪东南龙山），参将卢镗、副使许东望等率14000名明军抵御。两军相遇于高家楼，倭寇分三路冲过来，明军竟然一触即溃、四散奔逃，几百个倭寇在万余明军后面穷追。在此关键时刻，戚继光登上高石，连发三箭，射杀三路领头的倭酋，扭转了战争局面，明军继而赶跑了群龙无首的倭寇。戚继光和台州知府谭纶各率所部拼命抵抗，避免了明军惨败的命运。

在实践中，戚继光认识到"倭非大创尽歼，终不能杜其再至"，而卫所士兵和客兵军纪松弛、战斗力低下，要想"大创尽歼"，就要有一支能征善战的军队。嘉靖三十六年（1557）二月，戚继光提出《练浙兵议》，说："十室之邑，必有忠信；堂堂全浙，岂无材勇？诚得浙士三千，亲行训练，比及三年，足堪御敌，可省客兵岁费数倍矣。"胡宗宪抱着姑且一试的心态于这年十二月将兵备佥事曹天佑的3000名绍兴籍士兵拨给戚继光训练。

自嘉靖三十六年冬，这批士兵在戚继光的训练下，军容严整，行动敏捷，打了不少胜仗。但由于许多士兵出身于市井，多为油滑之徒，这支军队也存在严重弱点：一是军纪败坏，战时出现取己方伤兵或百姓首级冒充倭首现象，虽经惩治，但滥杀无辜依然时有发生；二是军队骄惰怯懦现象十分严重，士兵畏惧与凶猛的倭寇近身作战，战斗力不强，如岑港之战中，军队就是攻不上去，为此戚继光受到革职处分。实践证明，一支部队战斗力的强弱，兵员的素质起着重要作用。因此，他要挑选一批勇敢、剽悍、忠诚的人。这时，戚继光发现台州长期倭患，官兵无能，民间却涌现出一批抗倭勇士，若将其加以编练，战时可用。于是戚继光于嘉靖三十八年（1559）八月再上《练乌伤兵议》，要求罢去所部旧兵，招募新兵。由于戚继光练绍兴兵已见成效，因而胡宗宪很快就予批准。九月，戚继光去义乌募兵，在义乌县令赵大河的密切配合下，他严格挑选，招募了4000名士兵组成全新部队，进驻台州（临海），在灵江边的武场开始了严格的训练。

嘉靖三十八年（1559）四月，数千倭寇登陆台州，一股倭寇围攻桃渚城达七昼夜。桃渚是从海上进入台州的咽喉之地，"为卫城府治之藩翰"，因此是倭寇侵扰的重点和台州抗倭的主要战场。洪武二十年（1387）九月，桃渚所城建立。戚继光在消灭入侵宁海的倭寇后，与原台州知府、时任浙江海道副使的谭纶率兵冒着暴雨急行军300余里，解桃渚之围。四至五月，连捷于连盘、肯埠、章安、海门、金清、桃渚、昌埠、梅澳、南湾等处，彻底歼灭入侵者。五月，在再次解桃渚之围后，戚继光进驻桃渚城，并立即动员军民大规模修复城墙。他以军事家的眼光发现东北角和西北角"为薮泽，蔽塞不通"，成了死角，于是用官府空基易价作为费用，在两角创造性地各修筑了一座空心敌台，使桃渚"城上有台，台上有楼，高下深广，相地宜以曲全，悬瞭城外，纤悉莫隐"。空心敌台的修建，大大增强了桃渚城的防御能力，是戚继光军事实践的一个伟大创举，也是对中国古代军事建筑学的巨大发展，为其晚年大规模建造北方长城空心敌台开启了先河。

嘉靖三十九年（1560）二月，明廷对浙江的海防进行了重新部署，分宁绍台区为二：设宁绍参将和台金严参将，同时，浙江总兵下设杭嘉湖、宁绍、台金严及温处四参将。戚继光改任台金严参将。在台州，戚继光从此真正开始了他一生最辉煌的军事征程。

他就地取材，以当地盛产的毛竹为枝干，发明狼筅；还充分认识到火器在战争中的作用，让部队大量装备鸟铳、佛郎机等火器；另外戚继光在实践中根据江南水乡地形特色及倭寇单兵作战能力较强、倭刀坚利的特点创设12人为一个团队的"鸳鸯阵"，并设计了适合大兵团作战的"一头两翼一尾阵"；在灵江创新打造富有特色的福船、海沧、苍船三类战船共44艘，建立起了一支水军；加高加固城池，将嘉靖三十八年（1559）在桃渚的军事建筑创新运用到府城，于嘉靖四十年（1561）在台州府城策划修建了13座空心敌台，提高了府城的防御能力；整顿卫所，充实兵员，台州沿海卫所军纪严明，面貌焕然一新；著《纪效新书》，书中军事理论涵盖选兵、号令、战法、行营、武艺、守哨、水战、纪律、奖罚以及思想感化、情感投入等内容，体现了戚继光的治军和管理艺术；以《纪效新书》为教材，戚继光卓有成效地训练了大量士兵。

戚继光根据抗倭经验和练兵经验，对士兵进行耳、目、手、足、心以及营阵的全面训练。练耳目，使士兵绝对听从指挥，令行禁止；练手足，使士兵体格健壮，武艺精强；练心，使士兵亲附将领，士气高昂，勇敢作战；练营阵，使士兵协同作战，共同对敌，增强威力。经过戚继光的精心训练，这支新招募的部队，很快成为一支武艺精、战术强、守纪律、听指挥、万众一心、勇敢善战的精锐之师，人们称其为"戚家军"。

胡宗宪看到戚继光练兵成功，于嘉靖三十九年（1560）九月尽罢客兵，用以戚家军为主力的浙江兵防御倭寇，并在向朝廷上疏中对戚继光充分肯定："去年浙东屡捷，实彼一臣之功。……且任劳任怨，挺身干事，诚无出其右者。"要求"免其别升，专候浙直总兵员缺推用，务令久成以便责成。"

嘉靖四十年（1561）四月，倭寇2万余人分乘数百艘船，分头进犯宁海健跳、临海桃渚、太平新河、楚门等十余处，警报频传。戚继光以4000名戚家军的兵力，在各县乡勇和各卫所的配合下，短短两个月间在新河、花街、上峰岭、楚门、隘顽湾、藤岭、长沙和近海等地进行水陆九次大战，全部获捷，使侵犯台州的倭寇遭到歼灭性的打击，并解救了被掳的万余名百姓，而戚家军累计阵亡不到20人，史称台州大捷。五月，戚家军增募2000人，军队达到6000之数。九月，胡宗宪上疏，称赞戚继光"台民共倚为长城，东浙实资其保障"，戚继光授任都指挥使。嘉靖四十一年（1562）四月，又有一股倭寇侵扰台、温，戚家军很轻松地于水涨、温岭等处七战七捷，彻底消灭来犯倭寇。从此，戚家军的威名传遍东南各省，倭寇畏戚家军如猛虎，惧称戚继光为"戚老虎"而不敢再犯浙江，浙江倭患遂平。

在受到戚家军的痛击后，倭寇不敢再入侵浙江，而对福建的侵扰则日渐猖獗。至嘉靖四十一年（1562），整个福建"北自福建福宁沿海，南至漳、泉，千里萧条，尽为贼窟"。在这十分紧张的形势下，福建巡抚游震得上疏朝廷，请求派浙兵援闽。明世宗遂批示胡宗宪令戚继光出兵福建。七月二十一日，戚继光率6000名戚家军及都司戴冲霄的1600人离开浙江。面对总人数远多于己部的倭寇，戚家军负草填泥，大破横屿；夜袭杞店，消灭倭寇；设伏锦屏山，歼偷营之贼；强攻牛田，毁倭巢穴；追击林墩，尽歼倭寇。两个月的福建平倭，连战连捷，戚继光于十月班师回浙。

倭寇得悉戚继光返回浙江后，相互庆贺道："戚老虎去，吾又何惧？"福建倭患复炽，倭寇攻府掠县。政治经济要地兴化府被攻破后，"乡宦士民男妇咸就掳杀，死者约万余。……宝器、金玉、锦绮或传自唐宋者，咸归于贼，否则幻为煨烬"。兴化府城的陷落，震惊了整个福建，明庭对此十分重视，一面撤去游震得的巡抚之职，启用丁忧在家的谭纶出任福建巡抚，一面急调戚继光和名将俞大猷入闽救援。

嘉靖四十二年（1563）二月，戚继光"奉诏命入义乌募兵，凡十六日而竣，得壮士万余人"。三月初二，戚继光与兵备副使汪道昆率戚家军15000人赴闽，边行军边练兵。四月，与谭纶、俞大猷（福建总兵）、刘显（广东总兵）会合，时俞、刘两部与盘踞平海卫之倭寇已对峙达数月之久。四月二十一日，明军对据险许家村（今莆田东南）的倭寇发起进攻，戚部为中军，刘、俞分别为左右两翼。在三路明军的猛烈攻击下，只用了四五个小时，戚家军就迅速荡平许家村之敌，歼灭倭寇 2450 余人，解救被掳百姓 3000 余人。尔后克复兴化府、平海卫、峙头、卫城堡。五月，转战马鼻岭、硝石岭等处，连战连捷克复政和、寿宁二县，福建恢复了暂时的宁静。平海卫大捷的消息传到北京之后，明世宗特地为此举行了祭天大礼。六月，戚继光因功"升署都督同知，荫一子原卫正千户"。十月，戚继光升为总兵官，镇守福建全省及浙江金、温两府。

自嘉靖四十二年（1563）四月至隆庆元年（1567）四月，戚继光与谭纶、俞大猷、刘显、汤克宽等配合作战，历经大小五十余战，攻无不克，战无不胜，彻底消灭了侵犯福建、广东的倭寇和勾结倭寇的吴平等部海盗。至此，日本各岛的来犯者，才承认在中国冒险没有便宜可占，因而逐渐放弃了继续骚扰的念头，东南沿海几百年的倭患得以平息。戚继光在隆庆三年（1569）三月，以剿吴平之功升右都督。戚继光成了蜚声海内外的名将、抗倭的民族英雄，他还培养了胡守仁、李超、陈大成、王如龙、杨文、张元勋、丁邦彦、金科、朱珏、陈子銮、戚继美等一批能征善战的将领。

抗倭斗争的胜利，与广大人民群众的支持和其他抗倭将领的配合密不可分。戚继光率领戚家军实现了他"封侯非我意，但愿海波平"的灭倭志向。在剿倭战争中，戚继光身先士卒，与士兵同甘共苦；严格要求士兵，不准扰害百姓，做到兵民相体；在战略战术上，攻其无备，出其不意，进攻注重集中兵力打歼灭战，防御重积极主动而不是机械地死守，在防御中伺机反攻。同时，他创造了独树一帜的"鸳鸯阵"，发挥出集体互助、长短兵器结合的作战特点，有效地打击了敌人。这是戚家军屡败倭寇的重要原因，也是戚继光和戚家军留给后人的宝贵财富。

如今，在临海市建有纪念戚继光的戚公祠。戚公祠位于临海北固山北固门南边，北靠古长城，西邻城隍庙。祠中展现了戚继光在 1555 年和 1561 年在临海及浙东沿海一带组织大规模抗击倭寇的丰功伟绩。戚公祠的修建，有力地弘扬了戚继光抗倭的民族精神，推动了爱国主义教育。

一、要素分解

（一）物质要素

1.《纪效新书》军事著作

《纪效新书》是明代戚继光创作的军事著作，属于戚继光在东南沿海平倭战争期间练兵和治军经验的总结。《纪效新书》所述内容具体实用，既是抗倭中练兵实战的经验总结，又反映了明代军队训练和作战的特点，尤其是反映了火器发展到一定阶段的军队作战形式的变化，成为明朝军队热兵器化的佐证，具有较高的军事学术价值。该书在明朝万历壬辰战争时期传入朝鲜，被奉为军事科学经典大量刊印。

2.空心敌台

戚继光在加固城墙的同时，又修建了空心敌台。空心敌台由上、中、下三部分组成。下部为基座，用大条石砌成，高与城墙相同；中部为空心部分，有的用砖墙和砖砌筒拱承重，构筑成相互连通的券室，有的用木柱和木楼板承重，外侧包以厚重的砖墙，形成一层或二层较大的室内空间，以供士兵驻守或存放粮秣和兵器；上部为台顶，多数敌台台顶中央筑有楼橹，供守城士兵遮风避雨，也有的台顶铺漫成平台，供燃烟举火以报警，而无楼橹。

戚继光在《练兵杂纪》中对北方的空心敌台也有详细记载，

敌台高低大小不等，各个敌台之间互为犄角，相互救应，敌台里都配备有火炮，鞑靼的弓箭无法射到敌台里的士兵，骑兵在火炮的攻击下也不敢靠近长城。每个空心敌台置有百总一名，负责指挥战斗。

3. 戚氏军刀

戚氏军刀是戚继光专门针对倭刀改良制造的武器。明朝军队所用的刀在与倭寇交战时，经常被倭寇的倭刀砍断。戚继光吸收倭刀的长处，对中国军刀进行改良。改良后的刀带有明显的日本风格，刀刃弧度加大，刀刃宽度缩小，刀尖带有一个小小的弧度，刀刃中间起一条镐线，刀背也有一条栋线，刀尖和刀身的厚度基本相同，刀背采用削栋，减轻刀刃整体重量但是不减少刀刃的强度。戚继光在《练兵实纪杂集·军器解》里有记载此刀的锻造方法。目前，中国国家博物馆现收藏有一把登州戚氏军刀，刀上刻有"万历十年，登州戚氏"八字。此外，戚继光还著有《辛酉刀法》。

4. 狼筅

狼筅是戚继光对付倭寇的武器之一，粗有二尺，长有一丈五六尺。明朝的军队在与倭寇交战时，多因惧怕倭寇的倭刀而张皇失措，戚继光在长而多节的毛竹顶端装上铁枪头，两旁枝刺用火熨烫的有直有勾，再灌入桐油，敷上毒药。战斗时，倭寇长刀虽锋利，却砍不断软枝，竹节层层深入，能挡住长枪刺入。狼筅上的枝端茂盛，可以掩护持有者，冲阵时既能自保，又非常具有杀伤力，可谓攻守兼备，被称为"刺倭利器"。

5. 虎蹲炮

戚继光给戚家军装备的火炮又称为"虎蹲炮"，因为其射击时像猛虎蹲坐的样子，所以得名。明朝军队重视火器的使用，并专门成立了配备火器的部队"神机营"。在与倭寇作战时，戚继光发现鸟铳与佛朗机使用起来均有不足之处，鸟铳虽然精准，但是杀伤力太弱，而佛朗机虽然有杀伤力，但非常笨重，不利于扛行。于是戚继光便发明创造了"虎蹲炮"，比鸟铳杀伤力大，比佛朗机轻，便于携带。

（二）精神要素

1. 平倭御虏的家国情怀

东南沿海一带倭寇的侵扰和北部边境蒙古骑兵的袭扰，是长期困扰明朝廷、危及大明江山社稷的两大问题。这两大难题在戚继光等文臣武将的齐心协力下予以解决。其中，戚继光居首功，他南歼倭寇，屡战屡捷，扫平了长期为害的倭寇，保障了东南海疆的安宁；北御鞑靼，固我长城，保卫了北部疆域的安全，促进了汉蒙民族的和平发展。戚继光为保卫国家安全和维护大明王朝奋斗了一生，立下了汗马功劳，是平倭御虏的民族英雄。

2. 注重实战、兼容并蓄的军事素养

戚继光出身将门世家，其祖辈曾负责山东的防卫，并世袭军职。父亲戚景通曾担任登州卫指挥佥事、都指挥，也曾在北京担任过专习火器的神机营副将。戚景通不仅热爱习武，而且熟读兵书，潜心钻研御寇理论，并颇有心得。家族背景对戚继光产生了很大影响。

由于出身兵学世家，戚继光自幼受到良好熏陶。戚继光出色的军事素养，与他善于总结战争、不断从战争中汲取经验直接相关，也与他长期研读兵典、借鉴传统兵学密不可分。

因为从小就打下了良好的军事基础，戚继光在乡试武举中一考即中。山东总兵沈有容称赞戚继光"世胄起家，得读父书，所谓将门出将，故师出以律"，充分肯定了戚继光的家学渊源。因为有

长期学习古代兵学经典的背景，戚继光对于以《孙子兵法》为代表的传统兵学有所继承。在战争筹划和攻守战术等方面，都可以看出传统兵学对戚继光军事思想的影响。

在南征北战的军旅生涯中，戚继光总结经验教训，及时调整战略战术，改进治军方法，改善武器装备。与此同时，戚继光还善于学习当时的优秀军事家如谭纶、俞大猷、胡宗宪等人的军事思想，对内阁首辅张居正的执政思想也有所借鉴。俞大猷有关水军建设的思想及多兵种协同的战术思想，对戚继光启发尤多。正是因为兼容并蓄，戚继光的兵学思想显得气象万千，既见传统兵学的影子，又体现出鲜明的时代特征。

（三）制度要素

1. 兵儒融合，以儒统兵的军事理念

戚继光是中国历史上少有的兵儒兼修的著名将领之一。在明代，兵学与儒学展示出更深层次的沟通和融合，"以儒统兵"成为其主要模式。而且，明代兵学与儒学的融合并非仅限于士大夫论兵的理论层面，而是渗透至作战和治军实践的各个领域。其中，戚

继光是最为典型的代表。他将儒家的仁本观念、道德观念及修身养性的思路和方法等经过适度改造，创造性地运用于战争指导和治军实践中，极大地丰富了兵学的思想体系，在中国传统兵学发展史上占有重要地位。

戚继光是中国历史上比较自觉地追求兵儒融合并作出突出贡献的代表人物。其原因大概有三个方面：其一，戚继光兵儒兼修，主张学以致用，这使其具备了贯通兵学和儒学的思想基础。其二，戚继光具有改造和重建明朝军队的务实精神和主动意识，而其核心和成功之处正在于将儒家思想渗透至治军层面（包括练将和练兵）。其三，戚继光长年担任领兵统帅，具有重大战争活动的指挥权和决策权，这又使其能够将兵儒融合更好地落实于战争实践层面。

2. 鸳鸯阵

浙闽沿海多山陵沼泽，道路崎岖，大部队兵力不易展开，而倭寇又善于设伏，喜欢短兵相接。戚继光针对这一特点，创造了一种新的战斗队形，这种阵形在与倭寇作战时好像是结伴而行的鸳鸯，于是被命名为"鸳鸯阵"。这种以十二人为一作战基本单位的阵形，长短兵器相互结合，可随地形和战斗需要不断变化。

鸳鸯阵阵形以 12 人为一队，最前为队长，次二人一执长牌、一执藤牌，长牌手执长盾牌遮挡倭寇的重箭、长枪，藤牌手执轻便的藤盾并带有标枪、腰刀，长牌手和藤牌手主要掩护后队前进，藤牌手除了掩护还可与敌近战。再二人为狼筅手执狼筅，狼筅是利用南方生长的毛竹，选其老而坚实者，将竹端斜削成尖状，又留四周尖锐的枝桠杈，每支狼筅长 3 米左右，狼筅手利用狼筅前端的利刃刺杀敌人，以掩护盾牌手的推进和后面长枪手的进击。接着是四名手执长枪的长枪手，左右各二人，分别照应前面左右两边的盾牌手和狼筅手。再跟进的是使用短刀的短兵手，如长枪手未刺中敌人，短兵手即持短刀冲上前去劈杀敌人。最后一名为负责伙食的火兵。"鸳鸯阵"不但使矛与盾、长与短紧密结合，充分发挥了各种兵器的效能，而且阵形变化灵活，可以根据情况和作战需要变纵队为横队，变一阵为左右两小阵或左中右三小阵。当变成两小阵时称"两才阵"，左右盾牌手分别随左右狼筅手、长枪手和短兵手，护卫其进攻；当变成三小阵时称"三才阵"。变阵时，狼筅手、长枪手和短兵手居中。盾牌手在左右两侧护卫。这种变化了的阵法又称"变鸳鸯阵"。此阵灵活机动，正好抑制住了倭寇优势的发挥。戚继光率领"戚家军"，经过"鸳鸯阵"法的演练后，对倭寇进行了毁灭性的打击。

二、核心基因提取与评价

基于对材料的全面、深入分析，可将本文化元素的核心基因表述为"平倭御虏的家国情怀""注重实战、兼容并蓄的军事素养"。

戚继光核心文化基因评价依据

评价项目	评价因子	评价依据（特点）	是否
生命力评价	文化基因存续的时间	自出现起延续至今，未曾明显中断	√
		自出现起延续至今，但多次衰微、中断后复兴	
		曾明显衰败，改革开放后开始复兴或历史溯源关键环节缺失，难以考证	
		文化形态主体已灭失，现存部分痕迹	
	文化基因的稳定性	在发展过程中保持相当稳定的状态	√
		在发展过程中存在明显的精神内涵、表现形式剧变	
凝聚力评价	文化基因的凝聚力及社会动员效果	曾广泛凝聚起区域群体的力量，显著推动过社会经济文化的发展	√
		曾部分凝聚起区域群体力量，对社会经济文化的发展产生过影响	
		凝聚过力量，创造过实际的发展动能，但未见对社会经济文化发展产生显著改变	
		仅在历史文献或口耳相传中存在，未见实际介入社会经济发展	

评价项目	评价因子	评价依据（特点）	是否
影响力评价	辐射的范围	具有全国性、世界性的影响力	√
		具有长三角区域、浙江省影响力	
		具有市县、乡镇影响力	
	提炼的高度	已经被古代文人士大夫和当代学者提炼为精神符号和理念理论	√
		单纯的样式、造型、工艺技术规范	
发展力评价	与当代精神追求和价值观念的契合	传统文化基因得到创造性转化、创新性发展；区域革命文化基因被完整继承、广泛弘扬；区域社会主义先进文化基因成为与浙江"三个地"相适应的文化高地	√
		部分转化、部分弘扬、部分发展	
		难以转化、难以弘扬、难以发展	

说明：基因特点评价是对解码出来的基因，根据本《导则》表2的要求，围绕"四个力"逐一对表打"√"，进行定性表述

（一）生命力评价

"平倭御虏的家国情怀""注重实战、兼容并蓄的军事素养"作为戚继光的核心文化基因，具有较强的生命力。虽然戚继光的生命是有限的，但是他的精神财富却长久的保留了下来，并且有了很好的传承与发扬。在北御鞑靼的过程中，戚继光带领军队进行了最大规模的长城修筑工作。修筑后的长城更加宏伟壮观，是中国历史的精华所在，其布局和建筑材料都非常有利于抵御敌人的进攻。如今，八达岭长城和临海的江南长城作为风景名胜，依然展现着壮美的生命力。

（二）凝聚力评价

"平倭御虏的家国情怀""注重实战、兼容并蓄的军事素养"

作为戚继光的核心文化基因，曾广泛凝聚起区域群体的力量，显著推动过社会经济文化的发展。戚继光在平倭御虏的军旅生涯中，招募磨炼了一批勇敢、剽悍、忠诚的将士，组成了纪律严明、训练有素、百战百胜的戚家军，南歼倭寇，北御鞑靼，为保卫民族和国家安全做出了杰出的贡献。

（三）影响力评价

"平倭御虏的家国情怀""注重实战、兼容并蓄的军事素养"作为戚继光的核心文化基因，具有全国性的影响力，已经被古代文人士大夫和当代学者提炼为精神符号和理念理论。

戚继光带领"戚家军"南歼倭寇，北御鞑靼，维护了国家的主权与安全，也让倭寇鞑虏闻风丧胆。同时，戚继光留下的军事著作与各地的长城建筑对中华民族具有深远的影响力。

（四）发展力评价

"平倭御虏的家国情怀""注重实战、兼容并蓄的军事素养"作为戚继光的核心文化基因，得到创造性转化、创新性发展。戚继光修筑的长城如今成为中华民族的精神脊梁、中国的象征；戚继光的爱国主义精神，如今通过教材书籍、纪念馆、祠堂，得到了广泛的传承与弘扬。

三、核心基因保存

"平倭御虏的家国情怀""注重实战、兼容并蓄的军事素养"作为戚继光的核心基因，资料保存情况如下：

文字资料有《抗倭名将戚继光继承发扬传统兵学》《论戚继光人格修养及其对治军的影响》等8项保存在临海文化基因解码调查组资料库，图片材料有20张保存在临海文化基因解码调查组资料库。

郭凤韶

台州府城　临海文化基因

郭凤韶

郭凤韶（1911—1930），又名晤生、问樵，临海城关人。郭凤韶是台州革命历史上最早牺牲的女共产党员，牺牲时年仅十九岁。十九岁的郭凤韶也许没有想过自己的人生如此短暂，她还刚踏上追逐理想的道路，以为未来有着无限的可能。然而她也可能已经无数次设想过自己的死亡，因为在她生活的年代处于家国危难之际。

1911年，辛亥革命爆发，推翻了清朝封建腐朽的统治，结束了两千多年的君主专制制度。出生在此时代背景下的郭凤韶，注定会有不平凡的人生。

郭凤韶，1911年9月11日生于浙江省临海县。父亲郭松垞曾是同盟会会员，参加过辛亥革命，善于书法。母亲李咏青是当地著名画家李藻的女儿，曾就读于女子高等小学堂，思想开明，能诗善文。

郭凤韶是家中老大，她还有弟妹四个。童年时，因父亲常年在外，她入私塾读书后仍常要照顾弟妹，帮助母亲打理家务，十二岁时不得不中断学业，于台属联立女师附小肄业，幸而又入县立尚文小学，十五岁毕业。读书时期，也许是受外公与母亲的影响，郭凤韶的画技尤为突出，项士元先生曾评价她的画"近似外祖之笔"。

进步、民主的家庭氛围，造就了郭凤韶反封建迷信、拯救祖国和民族的志向。她敢于斗争的英气，在很小的时候就已经显现出来。郭家的邻居是一家姓林的盐商，家境颇丰，无奈年过五十仍无子女，便用旧时"点水面"（租妻）的方式接了一位名叫阿香的年轻农妇来家。起初林家对阿香还不错，但过了一年，阿香仍未有孕，林家对她的态度便开始转恶，打骂是常有之事。郭凤韶每见于此，都为阿香不平。她对阿香说，现在形势不同了，已不允许蓄婢纳妾，鼓励阿香回到自家去。林老太风闻，便时常与李咏青吵闹。李咏青是个温顺女子，哪里经得住林老太的冷言冷语。郭凤韶得知，便站在院中大声警告林家，要是再虐待阿香，就拉他们到大庭广众去说理，不然就告到法院。商人最怕上衙门吃官司，又知郭凤韶是"风俗改良会"成员，会中都是敢作敢为的青年人，在城里很有威信，只得低头赔不是。阿香也在郭凤韶的鼓励下回到了农村家里，但不久她又回来郭家。原来家中穷得没饭吃，丈夫待她也不好，她在家里走投无路了。郭凤韶便说服母亲留下了阿香，后又帮她在恩泽医局找了一份工作，使她得以自力更生。

1925年，郭凤韶考入台属联立女子师范学校，并加入了以"努力读书，改造社会"为宗旨的进步组织"乙丑读书社"，经常参加读书社组织的爱国活动。1926年，表现出色的她加入了中国共青团。

然而，"四一二"事变后，国民党右派下令查封"乙丑读书社"，反动当局在城内大肆逮捕和屠杀共产党人和读书社成员。有人劝郭凤韶退社退团以自保，但她立场坚定，表示绝不背叛信仰，豪气地说："革命是我的第一生命。要革命就要有牺牲，杀头都不怕，坐牢更何妨。"但临海的斗争环境日趋恶化，郭凤韶与几位进步同学都成了逮捕对象，她不得不避走外地，于1928年夏转移到了普陀县朱家尖的表姐孙儒珍家中。孙儒珍当时任朱家尖大古塘小学校长，郭凤韶即在该校任教。

朱家尖是一座海岛，交通不便，郭凤韶在这里任教的一年时间，是她人生中少有的轻松愉快的日子。她到学校后，发现当地风气闭塞，在校读书的女孩子仅20余人，多数女孩都在家中，或是做工，或是干家务。她便动员了一些女学生，一起到岛民家里家访，传播新文化、新思想，劝说家长将子女送入学堂读书。一次不成，她也不气馁，第二次、第三次，照样热情上门，真诚劝说。很快学生就增加到40多人。其间，她发现少数女生还在缠足，她又专门去向家长说明缠足的害处，教孩子们唱自编的《放足歌》。这位年轻的郭老师，很快就受到了岛上百姓的欢迎，当地的风气也有了很大的改变。

郭凤韶在大古塘小学任教音乐、体育、图画等课程。图画是她的长门，教唱的歌曲则都是《渔光曲》之类的进步歌曲。体育课她就带着学生们去学校附近的乌石塘活动。乌石塘长约半里，铺着很多的鹅卵石，郭凤韶就带着大家在石子上跑，她说在石子上跑步，一来可以练脚底，二来可以练腿劲，三来还能练忍耐，很有好处。天气好时，海面平静，她又让学生用石子在海面上打水漂，锻炼腕力。休息时，大家就坐在海滩上，欣赏天海一色，讲讲故事，说说笑话。每次上体育课回来，大家非但不觉得累，反而觉得轻松愉快。这样寓教于乐的教学，使得学生们都很爱与郭凤韶相处，她也乐于和大家打成一片，有时学生放学回家要放牛放羊，她还会跑去帮忙。

1929年，同学徐明清告诉郭凤韶，陶行知先生在南京创办的晓庄师范学校，是一所新式学校，革命氛围浓厚。她动员郭凤韶去那儿继续求学，共同寻找正确的革命道路。郭凤韶欣然应允，遂邀临海同学包玉珍一起，赶赴南京考试入学。

晓庄师范学校的生活条件虽然艰苦，但新鲜的空气、活泼的气氛很快吸引了郭凤韶。大家见她多才多艺又率真坦荡，都想接近她，其中不乏有人在试探她的政治观点。不过，郭凤韶没有任何思索与犹豫，便向校内的共产党员叶刚、石俊等靠拢。他们常利用课余时间下厂、下乡宣传，参加各种社会活动。1930年，郭凤韶加入了中国共产党，还担任了党小组长。

在晓庄，郭凤韶与来自象山南田的叶刚有着许多共同话题，叶刚曾在临海回浦中学读书，与临海的一些进步青年都熟悉，他们经常一起参加活动、交流想法，互相鼓励、互相帮助，渐渐萌生了革命情谊。后来，叶刚随晓庄师范党支部书记刘季平到中共南京市委宣传部工作后，郭凤韶又担任起中共南京市委地下交通员，经常只身往来于南京市委和晓庄师范之间，传递党的文件和指示。

1930年4月3日，南京下关和记工厂发生英国资本家枪杀中国工人的惨案，即"四三惨案"，引起社会强烈抗议，群情激愤。中共南京市委组织了南京10多所学校的600多名师生举行示威游行，声援工人。晓庄师范的师生也成立了"四三惨案后援会"。当时担任反帝自由大同盟女工委员会委员的郭凤韶，站在战斗的第一线，负责联络各大中学校，组织全市学生进行游行示威。示威时，她站在前列，高呼口号，并与返校参加斗争的叶刚等同志到处奔走，散发传单，为工人募集救济金。

但这场示威活动触怒了反动当局。五天后，晓庄师范学校被武装查封。4月20日，军队进驻学校，校长陶行知被通缉，学生被驱逐，叶刚、石俊等共产党员先后被捕。6月22日，南京地下党又发动了一次规模巨大的夫子庙示威行动，郭凤韶积极参加散发传单和张贴标语活动。面对敌人的搜捕，她机智沉着，最后换装脱险。然而，随着镇压的力度加强，晓庄的环境愈加恶劣。7月，反动当局对晓庄实行了清乡行动，陶行知先生不得不避走日本，学生四散。郭凤韶与徐明清等人转移到了江苏无锡乡下，在新犊桥小学以教书为名隐蔽了下来，继续为党工作。

入秋后，靠近长江的无锡已经是寒风瑟瑟，可郭凤韶、徐明清她们身上穿的却还是单薄的夏衣。因为衣物书籍等都还留在晓庄附近的群众家里，徐明清遂向组织申请去南京，一是要去打探南京的消息，想办法营救被捕的同志；二是为同志们取回冬衣及行李等物。

征得组织同意后，徐明清立即买船票动身，郭凤韶前去码头送行，一路上劝说徐明清南京之行应由她代去，一则徐明清是骨干人物，还有许多重要工作需要她；二则她也想去南京探听一下叶刚等被捕同志的消息。但徐明清考虑此行的危险性，不肯答应。一路上，二人谁也说服不了谁。到了码头，就在船要起航的时候，郭凤韶趁徐明清不备，抢了她的船票，将她猛推一把，自己跳上了船。等徐明清站起身来，船已经驶离了码头。不曾想，这一别竟是两个同乡战友的永别。

郭凤韶刚到南京，就被晓庄师范的同学余仲篯盯上了。其时余仲篯已经叛变，成了特务，但郭凤韶并不知晓，还向他打听南京的情况。余仲篯佯装关心，表示南京现在的情势非常紧张，郭凤韶是被列入逮捕名单的人，千万不可久留。不如先去上海。至于放在农民家中的衣物行李，可由他待风声稍缓后取出送到上海。

郭凤韶不知有诈，便同意了余仲篯的提议。到了上海，她借住在吕班路吕班坊高歌家中。高歌是一名作家，

他的爱人与郭凤韶、徐明清都是朋友。一日，郭凤韶外出归来，得知有南京晓庄师范的同学来找，并留有一张字条，写着铺盖已取，请到某某旅馆去拿。郭凤韶不疑有他，便去往旅馆。谁知一去就被埋伏已久的特务抓捕。

郭凤韶入狱后，始终没有对敌人透露任何消息。她预感到自己的生命将走到尽头，便对同室狱友说："如果见着一冰（即徐明清），请让她转告我妈妈，我死后，请她老人家不要为我太伤心，应该为我感到自豪和欣慰，因为，她女儿是为中国的正义事业而死，死得其所。"这样不屈服的态度，招来的是国民党更加残忍的毒打，她常被打得遍体鳞伤，血肉模糊，但即使被打得昏死过去，醒来后仍马上高呼口号，更凛然怒斥敌人："我知道的中国人，除了你们这一小撮坏蛋外，其余都是好的，都是要革命的，他们中间最好的先进分子就是共产党员。你们想要用逮捕、屠杀消灭他们吗？这是不可能的，是做梦！革命一定要胜利！"一位国民党高官事后表示，郭凤韶从被捕到处决，时间很短。1930 年 9 月 26 日，郭凤韶在南京雨花台英勇就义。

据郭凤韶的表姐孙儒珍回忆，1930年秋，她接到姨母李咏青来信，得知郭凤韶被捕的消息，便即刻从杭州动身去往南京。当她找到在南京警察厅督察处当处长的同乡李进德，希望他帮助营救时，却被告知郭凤韶已于昨日处决。李进德告诉孙儒珍，审办人员对他说："你的同乡真了不起，为男子所不及，审问时昂首挺立，威武不屈，无论怎样问，她都闭口不言。任你用种种酷刑，打得死去活来，满身血污，她都不出卖别人。问她晓庄有多少共产党，她说'不知道'，再问下去，要么说'都是'，要么说'都不是'，绝不可能在她口中得到线索。临刑时，视死如归，巍然挺立，大呼'中国共产党万岁'不止。这种坚强不屈的大无畏精神，使刽子手们都震惊不已。"

"革命是我第一生命"，这是郭凤韶一生无悔的追求。她把革命的信仰一直坚持到生命的终结。解放后，雨花台烈士陵园塑立了烈士雕塑群像，其中便有郭凤韶。雨花台烈士陵园史料陈列馆中也保存了郭凤韶的部分遗物，其中一幅题为《且向百花头上开》的红梅图，系她亲手绘作。

2005年，台州府城保护和开发管委会在对烈士故居进行修复的基础上，建立了占地面积1000平方米，建筑面积385平方米的郭凤韶烈士纪念馆。据悉，纪念馆内的文物系郭凤韶的亲属捐赠，纪念馆的陈设按烈士生活时代原样摆放，所展出的家具、生活用品、书信均是原物，配以照片、图片、史料和录音、录像资料等，是台州市唯一一个具有较大影响力的烈士个人纪念馆。2010年，经浙江省委、省政府批准，临海郭凤韶烈士纪念馆被评为浙江第七批省级爱国主义教育基地。

一、要素分解

（一）物质要素

1.临海郭凤韶烈士纪念馆

郭凤韶故居位于临海市诸天巷 14 号，纪念馆是 2005 年在其故居的基础上重修的，占地面积 1000 平方米，建筑面积 357.6 平方米，展厅面积 385 平方米，分八个展厅，表现了她由学生变为共产主义者的全过程。1911 年郭凤韶出生在临海，故居是她的出生地及其童年、青少年时期成长、生活和学习的场所。馆内陈设有当时的家具、用品、书信，还有精心复制和陈列的照片、图片、史料等。

2.《且向百花头上开》红梅图

雨花台烈士陵园史料陈列馆中保存了郭凤韶的部分遗物，其中一幅题为《且向百花头上开》的红梅图，系她亲手绘作。画面上，一块顽石突立中央，把一旁的梅树枝条挤压得低垂着头，而在那低垂着的枝条上，一朵朵红梅正在顽强盛开。

（二）精神要素

1.进步民主的家族精神

郭凤韶从小就思想开放，追求真理，爱憎分明，敢为人先。她出生于爱国知识分子家庭中。祖父是当地一位颇有名望的书法家，父亲是同盟会会员，辛亥革命的参加者，母亲毕业于临海女师，能诗善文。民主、进步的家风熏陶着郭凤韶，造就了郭凤韶反封建迷信、拯救祖国和民族的志向。

2. 积极投身爱国运动的热情

学生时代的郭凤韶便展现出了激情热血的一面，经常积极投身于爱国运动与社会工作。1926年，她加入了中国共青团，1930年加入了中国共产党。为了躲避"四一二"事变国民党右派的逮捕，郭凤韶来到了普陀朱家尖大古塘小学，在校任教。在任教期间，她多次走进岛民家里家访，传播新文化、新思想，劝说家长将子女送入学堂读书。年轻的郭老师很快就受到了岛上百姓的欢迎，当地的风气也有了很大的改变。

3. "革命是我第一生命"的英雄情怀

自"四一二"事变后，国民党右派下令查封"乙丑读书社"，反动当局在城内大肆逮捕和屠杀共产党人和读书社成员。有人劝郭凤韶退社退团以自保，她立场坚定，表示绝不背叛信仰，豪气地说："革命是我的第一生命。要革命就要有牺牲，杀头都不怕，坐牢更何妨。"

被捕入狱之后，面对严刑拷打，她依然昂首挺立，威武不屈。临刑时，她视死如归，巍然挺立。她在监狱中走出牢房的时候，嘴里喊着口号："你们想用屠杀的办法消灭共产党是不可能的……你们让我退党，是不可能的，因为我视革命为第一生命，我不可能退缩的！"

"革命是我第一生命"成为郭凤韶坚持一生的信条。她把革命的信仰一直坚持到生命的终结。

二、核心基因提取与评价

基于对材料的全面、深入分析，可将本文化元素的核心基因表述为"'革命是我第一生命'的英雄情怀""积极投身爱国运动的热情""进步民主的家族精神"。

郭凤韶核心文化基因评价依据

评价项目	评价因子	评价依据（特点）	是否
生命力评价	文化基因存续的时间	自出现起延续至今，未曾明显中断	√
		自出现起延续至今，但多次衰微、中断后复兴	
		曾明显衰败，改革开放后开始复兴或历史溯源关键环节缺失，难以考证	
		文化形态主体已灭失，现存部分痕迹	
	文化基因的稳定性	在发展过程中保持相当稳定的状态	√
		在发展过程中存在明显的精神内涵、表现形式剧变	
凝聚力评价	文化基因的凝聚力及社会动员效果	曾广泛凝聚起区域群体的力量，显著推动过社会经济文化的发展	√
		曾部分凝聚起区域群体力量，对社会经济文化的发展产生过影响	
		凝聚过力量，创造过实际的发展动能，但未见对社会经济文化发展产生显著改变	
		仅在历史文献或口耳相传中存在，未见实际介入社会经济发展	

续表

评价项目	评价因子	评价依据（特点）	是否
影响力评价	辐射的范围	具有全国性、世界性的影响力	
		具有长三角区域、浙江省影响力	√
		具有市县、乡镇影响力	
	提炼的高度	已经被古代文人士大夫和当代学者提炼为精神符号和理念理论	√
		单纯的样式、造型、工艺技术规范	
发展力评价	与当代精神追求和价值观念的契合	传统文化基因得到创造性转化、创新性发展；区域革命文化基因被完整继承、广泛弘扬；区域社会主义先进文化基因成为与浙江"三个地"相适应的文化高地	
		部分转化、部分弘扬、部分发展	
		难以转化、难以弘扬、难以发展	

说明：基因特点评价是对解码出来的基因，根据本《导则》表2的要求，围绕"四个力"逐一对表打"√"，进行定性表述

（一）生命力评价

虽然英烈已逝，但她坚贞不屈的精神和对理想信念的执着，作为红色精神食粮一直延续至今。郭凤韶视革命为第一生命，而中华民族的红色革命薪火代代相传，虽然郭凤韶的生命是短暂的，但其革命精神绵延不息，历久弥坚，长盛不衰。因此，"'革命是我第一生命'的英雄情怀""积极投身爱国运动的热情""进步民主的家族精神"是郭凤韶的核心文化基因，自出现起延续至今，未曾明显中断，在发展过程中保持着相当稳定的状态。

（二）凝聚力评价

"'革命是我第一生命'的英雄情怀""积极投身爱国运

动的热情""进步民主的家族精神"作为郭凤韶的核心文化基因，广泛凝聚起区域群体的力量，显著推动过社会经济文化的发展。一方面，她积极投身爱国运动与社会工作。在学校任教期间，她走进封建家庭中传播新文化、新思想，促进了当地的思想启蒙与思想解放，推动了社会发展。另一方面，郭凤韶的革命精神代代传承，红色基因凝聚起一代又一代的中华儿女，得到了充分的弘扬与发展。

（三）影响力评价

"'革命是我第一生命'的英雄情怀""积极投身爱国运动的热情""进步民主的家族精神"作为郭凤韶的核心文化基因，已经被提炼为精神符号和理念理论，具有全国性、世界性的影响力。她对真理的追求，对祖国的热爱，对革命的忠诚，影响了一代又一代中国人。

（四）发展力评价

"'革命是我第一生命'的英雄情怀""积极投身爱国运动的热情""进步民主的家族精神"作为郭凤韶的核心文化基因，被完整继承、广泛弘扬。在南京雨花台烈士纪念馆的雕塑群像上刻有郭凤韶的雕像。在雨花台烈士陈列馆遗像旁，还挂着她亲手绘制的红梅图《且向百花头上开》。2005年，郭凤韶烈士纪念馆建立，成为台州市具有较大影响力的烈士个人纪念馆。2010年，经省委、省政府批准，临海郭凤韶烈士纪念馆被命名为第七批省级爱国主义教育基地。

三、核心基因保存

　　"'革命是我第一生命'的英雄情怀""积极投身爱国运动的热情""进步民主的家族精神"是郭凤韶的核心基因，其资料保存情况如下：文字资料有《郭凤韶——视革命为第一生命》《那些精神力量指引我们向前》等4项保存在临海文化基因解码调查组资料库。

　　图片材料有20项保存在临海文化基因解码调查组资料库。

唐诗之路枢纽地

台州府城　临海文化基因

唐诗之路枢纽地

　　"浙东唐诗之路"指的是唐代诗人穿越浙东七州（越州、明州、台州、温州、处州、婺州、衢州）而形成的山水人文之路，以萧山——柯桥——越城——上虞——嵊州——新昌——天台——仙居（临海）为主体，再由临海延伸到温岭、温州，沿线有大禹陵、兰亭、曹娥庙、羲之墓、国清寺、大佛寺、神仙居、江南长城、长屿硐天、雁荡山等著名景点。

　　在汉代之前，浙东一带往往被认为是穷山恶水。晋室南渡、中原文化南迁，使北方先进的文化直接移载到江南，也让齐鲁琅琊之地的门阀士族"王谢之家"认识了浙东的山水之胜。于是，在东晋时期，浙东大地上发生了许多名载史册的文化事件。唐代人读着魏晋士人创作的这些千古传颂的璀璨名篇，忆着种种神仙传说，念着浙东的奇丽山水，自然是心向往之。于是，唐代的迁客骚人前来浙东，游历山水、吟诗作赋，在他们的笔下，一条充满神秀气息的诗歌廊道"浙东唐诗之路"就此形成。

《全唐诗》收载的诗人2200余人中先后有400多位踏上"浙东唐诗之路"，沿途留下1500多首诗。有学者考证，到过天台（古时亦指台州）的唐朝诗人有250位、诗作1100多首，分别占浙东唐诗之路诗人和诗作总数的63%和73%左右。在唐朝289年间，无数诗人沿着陆路、水路来到临海，包括骆宾王、沈佺期、宋之问、李白、杜甫、顾况、啖助、陆淳等。在临海所著的唐诗还被人带到了日本，留在了重要的佛教典籍中。

开耀元年（681），初唐四杰之一的骆宾王被贬临海县丞。当时的临海尚待开发，到处是一派天然景致："攒峰含宿雾，叠巘架寒烟。百重含翠色，一道落飞泉。香吹分岩桂，鲜云抱石莲。"但是，再美好的景致，也无法改变诗人被贬后失落消极的心绪。想着遥远海疆，骆宾王感叹"地偏心易远，致默体愈玄""不如从四皓，山中鸣一琴"。在临海久住后，骆宾王的心中仍然满是凄惶："天涯非日观，地

岠望星楼。练光摇乱马，剑气上连牛。草湿姑苏夕，叶下洞庭秋。欲知凄断意，江上步安流。"最后骆宾王虽然终究未能任满即挂印而去，后世人还是以"骆临海"尊其名号。

除了骆宾王，唐代孟浩然和李白的笔下也曾提到临海。比如孟浩然《题终南翠微寺空上人房》诗中曰："暝还高窗眠，时见远山烧。缅怀赤城标，更忆临海峤。"李白的《翰林读书言怀呈集贤诸学士》诗曰："严光桐庐溪，谢客临海峤。功成谢人间，从此一投钓"。其实，"临海峤"源于东晋谢灵运《登临海峤初发彊中作与从弟惠连可见羊何共和之》一诗。唐代诗人以先秦与汉晋时期的文学作品为启蒙读物和教科书，"临海峤"这一地名目前尚无确切的论证，但不管是泛指还是专指，总无外乎是在当时临海郡的范围之内。

杜甫与临海结缘，是为了他被贬的好友郑虔。民国《台州府志》记载：郑虔，荥阳人。玄宗爱其才，为置广文馆，以虔为博士。尝自写其诗并画以献，帝署曰"三绝"。安禄山反，伪授虔水部郎中，因称风缓，求摄市令。潜以密章达灵武。贼平，贬台州司户

参军。至则选民间子弟教之，大到婚姻丧祭之礼，小到升降揖逊之仪，莫不以身帅之。自此民俗日淳，士风渐进。今州城东犹以户曹名巷，有庙在焉。

杜甫和郑虔是好朋友，他生平写给郑虔的诗作多达二十余首，其中有许多是郑虔贬台后所作。比如《题郑十八著作虔》中的："台州地阔海冥冥，云水长和岛屿青……穷巷悄然车马绝，案头干死读书萤。"又如《有怀台州郑十八司户（虔）》中的"天台隔三江，风浪无晨暮。郑公纵得归，老病不识路。昔如水上鸥，今如置中兔。性命由他人，悲辛但狂顾。山鬼独一脚，蝮蛇长如树。呼号傍孤城，岁月谁与度。"《所思（得台州郑司户虔消息）》中的"郑老身仍窜，台州信所传。为农山涧曲，卧病海云边。世已疏儒素，人犹乞酒钱。徒劳望牛斗，无计刜龙泉。"诗中的这些荒寒意向，表达了对郑虔被贬台州的惋惜与悲慨，笔墨多带荒凉凄怆。

在中唐时期的许多诗歌中也含有临海一地。比如白居易的老师顾况，因仰慕秀丽山水自荐为临海新亭盐监，并作《临海所居》诗三首："此是昔年征战地，曾经永日绝人行。千家寂寂对流水，唯有汀洲春草生。""此去灵溪不是遥，楼中望见赤城标。不知叠嶂重霞里，更有何人渡石桥。""家在双峰兰若边，一声秋磬发孤烟。山连极浦鸟飞尽，月上青林人未眠。"现今市区巾子山上遗存的"逋翁亭"，是为纪念他曾驻足临海所建。

诗人任蕃游临海，并在巾子山题诗，成为历代文人口口相传的佳话。任蕃先后三次来游巾子山，第三次来时还一住十年之久，先后题三首诗，因此后人有"任蕃三过"之说。任蕃初次来巾山，游历一日，夜宿巾山顶上的"巾峰寺"。正值中秋，他见一轮明月冉冉升起，即兴作《宿帢帻山绝句》，诗曰："绝顶新秋生夜凉，鹤翻松露滴衣裳。前峰月照一江水，僧在翠微开竹房。"次日，他离开临海，既去百余里，见临海多山，灵江屈曲依山，江面上月光时隐时现，终觉昨日诗中"一江水"不妥，欲回改作"半江水"，遂形色匆匆而回，行到题处，发现他人已改矣，他大赞："台州有人！台州有人！"。任蕃题巾山的另两首诗为《再游巾子山寺》和《三游巾子山寺感述》，前者诗曰："灵江江上帢峰寺，三十年来两度登。老鹤尚存松露滴，竹房不见旧时僧。"

后者诗曰："清秋绝顶竹房开，松鹤何年去不回。惟有前峰明月在，夜深犹过半江来。"

台州作为"浙东唐诗之路"的重要目的地与节点，在吸引招纳各地诗人的同时，也涌现了一批具有影响力的本地诗人。

诗人项斯是台州第一位进士，也是台州第一位走向全国的诗人，被列为唐朝百家之一。成语"逢人说项"说的就是项斯。唐代诗人杨敬之作《赠项斯》，诗曰："几度见诗诗总好，及观标格过于诗。平生不解藏人善，到处逢人说项斯。"

项斯，字子迁，乐安（今浙江仙居）人，晚唐著名诗人，会昌四年（844）擢进士第，官终丹徒尉，卒于任所。《全唐诗》收录其诗一卷，计88首。《新唐书·艺文志》有项斯传。据南宋景炎年间著名理学家黄溍所作的《项良才墓志》，考证项斯为乐安人。《大宋台州永安县迁明禅寺碑铭并序》也称："项斯之宅可寻，麻姑之峰可登也"，麻姑之峰在今仙居境内。

晚唐时的临海人罗虬则是个放荡不羁的风流才子。《台州府志》人物传记载："罗虬，台州人，有俊才，词藻富赡，与宗人隐、邺齐名，时号'三罗'。乾符间为本州刺史，广明庚子乱后，去从鄜州李孝恭。有比红儿诗行于世。"罗虬传世之作为《比红儿诗》绝句100首，记述了他离开台州，跟从鄜州李孝恭后的事。也有记载说他喜爱歌伎比红儿，却因争风吃醋而怒杀之，之后又因忏悔用100个女性形象比之红儿，作此100首绝句。《语林》中存留的"窗前远岫悬生碧，帘外残霞挂熟红"。描述了其在刺史任上、某日傍晚时分于郡斋所见的台州景致。

在上述丰富的唐诗中呈现出千余年前临海的形象：自然风光无限美好，山水城相依，白云远岫，鸥鹭松鹤时相往还；人文教化初开，官员、文人、僧侣和民众往来不绝、笙歌鼓角、琴韵茶香与城郭山水相伴。时至今日，当我们徜徉在古城临海，依然能看见千年前古人眼中的秀美江山，感受到他们满腔的诗意和才情。

一、要素分解

（一）物质要素

1. 四通八达的水陆要驿

临海作为唐代台州州治所在，是台州地区政治、经济、文化中心，也是浙东水陆驿道上重要的一站。它陆路北通越州（今绍兴）、明州（今宁波）以至洛阳、长安，南达温州、福州、广州，水路北通天台，西达仙居，下游到海门出海可达日本、高丽、新罗、琉球诸国，甚至能到南洋（今东南亚）。这一系列条件使临海成为"浙东唐诗之路"的枢纽地。

2. 秀美旖旎的浙东山水

汉代之前，浙东往往被北方士族认为是穷山恶水，晋室南渡、中原文化南迁，使得中原门阀士族认识了浙东山水之胜，并引发了一系列载入史册的文化事件，如谢安东山高隐与东山再起、王羲之组织兰亭雅集、孙绰天台一赋、谢灵运浙东山水之行、成公绥登章安赤栏桥而作《云赋》等。唐人读着这些璀璨名篇，游历浙东奇丽山水、吟诗作赋，形成了如今的"浙东唐诗之路"。

东晋谢玄之孙、我国文学史上"山水诗派"的开创者谢灵运，与临海也有着不解之缘，留下了"天台雁宕之间嘉山水"之说。《宋书》卷六十七《谢灵运列传》记载了谢灵运游访临海之韵事："（灵运）寻山陟岭，必造幽峻，岩嶂千重，莫不备尽。登蹑常著木履，上山则去前齿，下山去其后齿。尝自始宁南山伐木开径，直至临海，从者数百人。临海太守王琇惊骇，谓为山贼，徐知是灵运乃安。又要琇更进，琇不肯，灵运赠琇诗曰：'邦君难地崄，旅客易山行。'"

著名的唐代诗人李白就曾循着谢灵运的足迹游览浙东，引用灵运诗作《登临海峤初发彊中作与从弟惠连可见羊何共和之》以及"谢公屐"的典故，写下"严光桐庐溪，谢客临海峤""脚著谢公屐，身登青云梯"的诗句。孟浩然的笔下也引用了谢灵运的"临海峤"，其诗《题终南翠微寺空上人房》曰："翠微终南里，雨后宜返照。闭关久沈冥，杖策一登眺。遂造幽人室，始知静者妙。儒道虽异门，云林颇同调。两心相喜得，毕景共谈笑。暝还高窗眠，时见远山烧。缅怀赤城标，更忆临海峤。"

（二）精神要素

1. 诗礼传家的理念

临海成为浙东唐诗之路上的枢纽地，与北方士子南下有密切关系。他们传播中原文化、提升人文素质、改善社会风气，孕育了当地诗礼传家的文化氛围。以此为基础，项斯、罗虬等本地诗人才得以涌现。

2. 真挚的友人相惜之情

杜甫所作唐诗中有二十余首与临海相关，都是为好友郑虔而写或是写给郑虔的，有些现在留传还很广。杜甫初来长安是在唐玄宗天宝五年（746）。当时他35岁，刚结束了长达十几年的漫游，来长安求仕。郑虔因为唐玄宗的赞誉，已在广文馆博士的任上。虽然"诗书画三绝"的名声很大，但现实中却颇为困顿。杜甫所作《醉时歌》写反映了这种状况："诸公衮衮登台省，广文先生官独冷。甲第纷纷厌梁肉，广文先生饭不足。"

在《戏简郑广文兼呈苏司业》一诗中，杜甫还对郑虔当时的落魄之态作过描述："广文到官舍，系马堂阶下。醉则骑马归，颇遭官长骂。才名四十年，坐客寒无毡。赖有苏司业，时时与酒钱。"即是说了郑虔不事经营、好酒不羁，以至于潦倒贫困，需要他人的帮助才能生活下去。后来郑虔陷于贼，并受了安禄山伪职，虽然说他身在曹营心在汉并向朝廷提供情报，但收复长安后，朝廷仍将其贬谪。对郑虔的贬谪，杜甫为之伤怀，虽然不能当面送别，但还是作了《送郑十八虔贬台州司户伤其临老陷贼之故阙为面别情见于诗》赠别。之后，杜甫又写了许多怀想郑广文的诗作，如《题郑十八著作虔》《有怀台州郑十八司户（虔）》《所思（得台州郑司户虔消息）》，表达了他对郑虔贬谪台州的不平、对郑虔生活状况的关心和担忧，如"天台隔三江，风浪无晨暮。郑公纵得归，老病不识路。""性命由他人，悲辛但狂顾。山鬼独一脚，蝮蛇长如树。""贾生对鵩伤王傅，苏武看羊陷贼庭。可念此翁怀直道，也沾新国用轻刑。"

3. 自由洒脱的文人情趣

顾况，唐朝海盐（今浙江海宁）人，唐代诗人、画家、鉴赏家。他一生官位不高，曾任著作郎，因作诗嘲讽得罪权贵，贬饶州司户参军，晚年隐居茅山，有《华阳集》行世。唐李绰所撰《尚书故实》一书中记载："顾况，字逋翁，文词之暇，兼攻小笔。尝求知新亭监，人或诘之，谓曰：'余要写貌海中山耳。'仍辟善画者王默为副知也。"顾况《临海所居》三诗中有一诗曰："家在双峰兰若边，一声秋磬发孤烟。山连极浦鸟飞尽，月上青林人未眠。"诗中，顾况说其临海所居就在双峰兰若的边上，而双峰兰若位于临海巾子山边。顾况来新亭任盐监的目的，是为了画海中的山水，到任后还延聘画师王默作为他的副职，展现了古代文人的自由洒脱和浪漫的一面。

4. "一字不苟"的诗者情怀

在唐诗之路上，任蕃"一字不苟"的事迹广为流传。元辛文房《唐才子传》载："蕃，会昌间人，家江东，多游会稽苕雪间。初，亦举进士之京，不第。榜罢进谒主司曰：'仆本寒乡之人，不远万里，手遮赤日，步来长安，取一第荣父母不得。侍郎岂不闻江东一任蕃，家贫吟苦，忍令其去如来日也？敢从此辞，弹琴自娱，学道自乐耳。'主司惭，欲留不可得。归江湖，专尚声调。去游天台巾子峰，题寺壁间云：'绝顶新秋生夜凉，鹤翻松露滴衣裳。前峰月照一江水，僧在翠微开竹房。'既去百余里，欲回改作'半江水'，行到题处，他人已改矣。"他大赞："台州有人！台州有人！。"

（三）制度要素

多样的唐代诗人来访原因。唐代诗人与临海结缘、留下诗作的原因大致可分为以下几种：漫游、隐居、做官或贬谪、生于此。一是漫游，唐代的诗人大都向往浙东山水，李白、任蕃都曾漫游临海而留下诗篇。二是隐居，浙东山水之胜，使许多诗人选择隐居、终老于此，比如任蕃不仅漫游临海，第三次来临海时还在此居住了十年。三是做官或贬谪，陆淳曾在台州任刺史，在其任上接待来唐求学的日僧最澄，促进了中日佛教文化的交流。郑虔因安史之乱遭贬于此，可贵的是他为政育人、奖掖后进，开台州文教之学风。同样被贬的还有骆宾王，他的诗词中因被贬而显得失落、消极，没有畅游浙东山水的快意。顾况的情况则比较特殊，他为了画临海山水而主动任新亭盐监，与其说是为官，不如说是一种不离官场的"归隐"。四是生于此，典型的代表是台州本地人项斯、罗虬，他们才华横溢，创作了诸多与故乡有关的诗词。

二、核心基因提取与评价

基于对材料的全面、深入分析，可将本文化元素的核心基因表述为"诗礼传家的理念""自由洒脱的文人情趣""'一字不苟'的诗者情怀"。

唐诗之路枢纽地核心文化基因评价依据

评价项目	评价因子	评价依据（特点）	是否
生命力评价	文化基因存续的时间	自出现起延续至今，未曾明显中断	√
		自出现起延续至今，但多次衰微、中断后复兴	
		曾明显衰败，改革开放后开始复兴或历史溯源关键环节缺失，难以考证	
		文化形态主体已灭失，现存部分痕迹	
	文化基因的稳定性	在发展过程中保持相当稳定的状态	√
		在发展过程中存在明显的精神内涵、表现形式剧变	
凝聚力评价	文化基因的凝聚力及社会动员效果	曾广泛凝聚起区域群体的力量，显著推动过社会经济文化的发展	√
		曾部分凝聚起区域群体力量，对社会经济文化的发展产生过影响	
		凝聚过力量，创造过实际的发展动能，但未见对社会经济文化发展产生显著改变	
		仅在历史文献或口耳相传中存在，未见实际介入社会经济发展	

续表

评价项目	评价因子	评价依据（特点）	是否
影响力评价	辐射的范围	具有全国性、世界性的影响力	√
		具有长三角区域、浙江省影响力	
		具有市县、乡镇影响力	
	提炼的高度	已经被古代文人士大夫和当代学者提炼为精神符号和理念理论	√
		单纯的样式、造型、工艺技术规范	
发展力评价	与当代精神追求和价值观念的契合	传统文化基因得到创造性转化、创新性发展；区域革命文化基因被完整继承、广泛弘扬；区域社会主义先进文化基因成为与浙江"三个地"相适应的文化高地	√
		部分转化、部分弘扬、部分发展	
		难以转化、难以弘扬、难以发展	
说明：基因特点评价是对解码出来的基因，根据本《导则》表2的要求，围绕"四个力"逐一对表打"√"，进行定性表述			

（一）生命力评价

浙东唐诗之路枢纽地临海的文化要素，是临海唐代诗作的核心。这些核心基因伴随着唐诗之路的形成，是客观留存、影响千古的。因此，这三大核心基因自出现起延续至今，未曾明显中断，具有较强的生命力。

（二）凝聚力评价

晋室南渡、中原文化南迁后，北方门阀士族迁徙江南，为浙东的山水之胜所倾倒，在浙东大地上引发了许多载入史册的文化事件。唐代人读着这些千古流传的璀璨名篇前来浙东，游历山水、吟诗作赋，形成了这条充满神秀气息的诗歌廊道"浙东唐诗之路"。可见，唐诗之路的核心基因依托唐诗作品而存在,是当地诗词文化的关键组成部分,曾广泛凝聚起区域群体的力量,显著推动过社会经济文化的发展。

(三)影响力评价

三大核心基因是浙东唐诗之路文化基因的关键组成部分,三大基因在临海这一"浙东唐诗之路"重要目的地与节点,吸引招纳各地诗人来此吟诗作赋,在本地也孕育出一批具有影响力的诗人代表,具有长三角区域、浙江省影响力,已经被古代文人士大夫和当代学者提炼为精神符号和理念理论。

(四)发展力评价

三大核心基因分别体现了真挚的友情、洒脱的心性和文学趣味,与当代精神追求和价值观念契合,具有创造性转化、创新性发展的潜力。目前,临海市已深入挖掘核心基因价值,积极转化利用,出版了相关图书作品,研发制作了与唐诗之路相关的周边产品。

三、核心基因保存

  "诗礼传家的理念""自由洒脱的文人情趣""'一字不苟'的诗者情怀"是唐诗之路枢纽地的核心基因，其资料保存如下：文字资料《三台诗话拾零》《唐诗之路枢纽地——临海》等文字资料保存于临海市文化基因解码调查组资料库。另外，出版物和古文古籍有《宋书》卷六十七《谢灵运列传》《嘉定赤城志》《谢灵运集》《新唐书》《旧唐书》《骆宾王文集序》《台州札记》《台州府志》《临海县志》《尚书故实》《天台集》《赤城志》《唐才子传》《全唐诗》；另有《清平调》《谢灵运对话李白》《阳关三叠》等21项图片资料保存于临海市文化基因解码调查组资料库。

紫阳街—张伯端

台州府城 临海文化基因

紫阳街—张伯端

　　紫阳街位于台州临海府城，是我国历史文化名街。紫阳街长千余米，从北固山到灵江边，由北而南，是府城的主动脉。

　　自唐宋以来，临海就是台州州治所在地，"里坊制"街巷格局已基本形成，百姓约定俗成分段称呼，北端为悟真坊，南头为揽秀楼，其间有紫阳宫、一洞天、奉仙坊、迎仙坊、大街头、白塔桥头、牌门周、腊巷口、炭行街等50多处地名。民国以前，紫阳街一度命名为中正街，之后，改为解放街，不过百姓仍然沿习传统俚俗名字来喊叫。1988年，紫阳街正式更名为现在的名字，取自北宋年间居于此处樱珠巷的道教南宗始祖紫阳真人张伯端的名号。

紫阳街周边人文底蕴深厚，名人故居和古迹数量极多，有始建于唐代、为纪念台州文教之祖郑虔而立的郑广文祠，有唐代古刹、日本佛教天台宗的重要祖庭之一龙兴寺，有始建于北宋、单体建筑浙江省最大的台州府文庙，有关于张伯端的皇帝御碑、紫阳桥、紫阳故里和紫阳宫遗址，有以明代"一门四进士，父子三巡抚"王氏家族命名的三抚基及十伞巷，有明末尚书陈涵辉故居，有明代五举人的"五凤坊"遗址等等。

除了名人故居、庙堂馆所，紫阳街上亦有大量民俗文化古迹，最具特色的是水井和坊墙。据记载，临海府城内曾有786口可饮用的水井，最早者为唐初所掘，大部分建于明清时期。这些古井分布合理，哺育了一代又一代人。古井中最著名的要数千佛井和紫阳井。紫阳街南端的千佛井建于唐代，因井内壁砖阴刻佛像而得名，它与巾子山西麓的千佛塔阴阳互济。樱珠巷的紫阳井附近为原来的紫阳道馆，

井之所在，有墙且拐角阻隔，有如紫阳真人般透着神秘色彩。紫阳街每隔百丈就有大块青砖砌成的一堵坊墙。坊墙高三余丈，宽五六丈，拱门高丈余。坊门额头刻着"悟真坊""奉仙坊""迎仙坊""清河坊""永靖坊"等，字体遒劲有力，坊名别具一格。坊名即地名，坊墙又是防火墙，如今也成为街区的一道风景线。

一千多年以来，紫阳街是台州府城繁华的主街，加之街南端是江厦街的码头，可谓交通便利、商业发达。街中段的大街头与西大街、小街头、南门头连通，店面密布，货物众多，是台州府城物资交流的中心。清光绪年间，各种店铺曾达到400多家。现如今，紫阳街上商家云集，很多店铺都保持了原有的经营业态，售卖饮食、糕点、布匹、医药等。这些商铺中不乏百年老店，如经营餐饮的泰白象、冠春园、安乐天饮食店、一洞天茶馆；经营食品的同受和茶食店、王天顺马蹄酥店及同康酱油店；经营中医药的方一仁、遂生源、岑震元、毛永隆、罗义记、大吉昌药房；经营百货的王森泰、林达源、锦顺、开泰；经营南北货的明皇、

同庆和。此外还有杨茂聚五金店、江泰和漆店、曹永和烟草店、蔡永利秤店等。

紫阳街的建筑始终保持着唐宋遗风和明清特色。房屋多数为两层楼，有的有下檐，有的有栏杆，安排得非常合理。沿街商铺前店后坊，中间客堂，楼上卧房。柱头、门上木雕、灰雕、石雕三结合。木结构、砖头墙，顶上铺木椽盖泥瓦片的江南古代建筑与街面石板路的泥土芬芳，显示着无限的生命力。2012年，紫阳街获选"中国历史文化名街"称号。

与紫阳街关联最为密切的历史人物是紫阳真人张伯端。张伯端（983—1082），字平叔，后改名用成（或用诚），号紫阳，浙江临海人。他被尊为道教南宗初祖，被敕封为"紫阳真人"。

清《嘉定赤城志》记载，张伯端"……（张伯端）性嗜鱼，在官办事，家送膳至，众以其所嗜鱼戏匿之梁间。……（张伯端）疑其婢所窃，归扑其婢，婢自经死。一日，虫自梁间下；验之，鱼烂虫出也。……乃喟然叹曰：'积牍盈箱，其中类窃鱼事不知凡几'。因赋诗曰：'刀笔随身四十年，是非非是万千千。一家温饱千家怨，半世功名百世愆。紫绶金章今已矣，芒鞋竹杖任悠然。有人问我蓬莱路，云在青山月在天。'赋毕，纵火将所署案卷悉焚之，因按火烧文书律遣戍"。

张伯端谪戍岭南，曾跟随陆诜入成都，后遇仙人刘海蟾授"金丹药物火候之诀"，"丹成返台州，传道授徒"。因丹法"三传非人，三遭祸患"，遂萌发著书之意，于熙宁八年（1076）在临海著成《悟真篇》，传道天下。《悟真篇》是汉代魏伯阳《周易参同契》之后的又一本重要的丹经著作，其丹经地位与《参同契》相仿，可以说同为丹经之祖，是道教内丹丹法的主要经典之一，此二篇被奉为道家必修之课。《悟真篇》后被翻译成俄文等外文，其中蕴含的思想远播海外。

张伯端晚年归隐于临海百步岭，潜心修炼。元丰五年（1082），99岁高龄的张伯端因"天炎浴水中"，趺坐而化。百步乡里在其羽化处刻"紫阳化身处"，改村名为"仙人村"，沿用至今。南宋庆元三年（1197），台州郡守叶筑改城内黄牛坊桥为"悟真"桥，以示对张伯端的纪念，后又有悟真坊、悟真庙等。明嘉靖四十四年（1565），台州府推官张滂在百步修建紫阳庵，并重修碑石，题曰："重修紫阳题诗碑记"。

清雍正十年（1732），朝廷下诏于临海县城关张伯端故居处和城北百步岭张伯端仙化处建紫阳道观，并修缮城内悟真桥、悟真坊、奉仙坊、迎仙坊。城关紫阳道观旧址位于紫阳街西侧，布局为入口处立"敕旨"牌坊，入坊为池桥，内为紫阳真人殿，殿后有悟真楼、悟真亭、御碑亭及花园等，大殿五间面，建筑为两坡殿式，内塑真人像，整体颇具规模。清《宫中档雍正朝奏折》第十九辑："臣思紫阳真人显迹神奇，葛仙翁历着神异，皇上圣心既有愿力，此即两仙运会重兴之期。诚如圣谕，宜为整理振兴，以志千古之盛。所有台州府城之紫阳楼当复旧观，元坛庙应为移建。悟真桥、坊俱宜兴修。"

此奏折所奏之事，源于雍正帝"梦一天台山道士乞住居地"。据民国《临海县志》卷三十五记载，雍正帝"下抚臣查访，时天台桐柏官方被豪族占据，嚣讼多年。抚臣上其案，乃命工部主事刘长源来山督造，抚臣别委朱观察伦瀚同监人工。以用诚故居在璎珞街，又俗传百步溪为用诚羽蜕处，两处各建观宇，竖御制碑文，天章焕烂，辉映江山"。

雍正十年（1732），道士陆宾阳受命主持兴建临海县紫阳道观。雍正十一年（1733），朝廷敕封临海县人张伯端为"大慈圆通禅仙紫阳真人"。七月，雍正帝为已奉敕入藏的张伯端《禅仙语录》御制序文。雍正十二年（1734）二月，临海县紫阳道观新建竣工。雍正十三年（1735）三月，御书《道观碑文》"雍正十二年二月经理告竣"勒石立于临海县紫阳道观内。

一、要素分解

（一）物质要素

1. 规模庞大的儒释道建筑群

紫阳街及周边街巷历代名人辈出，故居遗址遍布，呈现出规模庞大的儒释道建筑群。有为纪念推进台州文教大发展的郑虔而立的"郑广文祠"，有单体建筑在浙江省最大的台州府文庙大成殿，有日本佛教天台宗重要的发祥地之一龙兴寺，有为纪念戚继光在台州抗倭九战九捷的"戚公祠"，有以王宗沐家族（父亲王宗沐巡抚凤阳、次子王士琦巡抚大同、三子王士昌巡抚福建）而命名的"三抚基""十伞巷"，有为明代举人吴执御、彭世焕、王如春、章应科、徐子瑜5人而立的"五凤坊"，有为明代进士陈员韬、陈选和举人陈英三人而建的"三大夫坊"，有历史名人陈函辉、王观澜、郭凤韶的故居等等。

2. 地域特色鲜明的民居建筑

紫阳街拥有众多地域特色鲜明的民居建筑，最具代表性的是古井和坊墙。紫阳街上的古井大多建于明清和民国时期，富有江南水乡的特色。井水清澈明净、冬暖夏凉。井址布局合理，既满足了人们生产生活的需要，又起到防火消防的功能。在紫阳街的古井之中，最有名的当属千佛井。千佛井堪称台州府城之奇绝，井壁上有佛像，栩栩如生，供众人观瞻。

相传在千佛井上加圈，成为"双眼井"，能够"以水克火"，保一方平安。

另外，紫阳街上有许多纵横交错的小巷，小巷之间有一堵堵青砖砌成的坊墙（又称"防火墙"）。坊墙高三丈有余，宽约五六丈，每隔几百米就有一座，上面雕刻着各种花纹。坊墙既可供人车通行，又是防火墙，还起到地标的作用。紫阳街上有"清河坊""悟真坊""奉仙坊""迎仙坊""永靖坊"5座坊墙。这些坊墙历经千百年的风雨沧桑，见证了历史的风云变幻，如今安静地聆听着临海百姓的生活故事。

（二）精神要素
自由洒脱的道家思想

入道之前，张伯端酷爱食鱼，近乎一餐无鱼即食不甘味。一日家中婢女送饭至衙门，恰张伯端外出，同僚有意与张伯端开玩笑，便将其所嗜之鱼藏到了屋梁上。张伯端归后，欲食无鱼，顿生满腹怨气，怀疑鱼被婢女偷吃。归家后便拷问婢女，婢女被冤而无法辩解，一气之下竟上吊自尽。几天后，鱼在梁上腐坏，掉下蛆虫来，察看后方知是同僚藏鱼所致，才知自己冤枉了婢女。悔恨莫极，乃喟然叹曰："积牍盈箱，其中类窃鱼事不知凡几。"

张伯端由此开始反省自己的平生所为，觉得自己满腹经纶，到头来却碌碌无为，有如庸人，做下如此糊涂的事，真是官场误人。痛定思痛之后，张伯端打定主意退出官场还自己一个自由之身，去追求自己年轻时就向往的道家生活。他赋诗云："刀笔随身四十年，是非非是万千千。一家温饱千家怨，半世功名百世愆。紫绶金章今已矣，芒鞋竹杖任悠然。有人问我蓬莱路，云在青山月在天！"赋毕，即将自己所掌案牍一把火全部烧掉，以此彻底斩断了自己的尘缘，从此秉持自由洒脱的道家思想，显示自己入道的决心。

（三）制度要素
古朴实用的里坊制布局

紫阳街的建筑布局至今仍保留着北宋年间的里坊制格局特点。从兴善门进入，穿过全长1080米的紫阳街到达最北端的紫阳故里，会依次经过永靖坊、清河坊、迎仙坊、奉仙坊、悟真坊五大坊墙。另外，古街十字路交叉处的西大街还分布着广文坊、顺政坊、迎春坊等。坊墙既是人行道，又是防火墙，同时还作为地名标记，供人识别，至今仍然发挥着重要作用。

（四）语言与象征符号

典型的明清江南建筑风格

紫阳街房屋和街面店铺保留着宋代的遗风和明清的格局，房子以二层居多，局部三层，错落有致。有的房子有下檐，有的房子有栏杆，安排得非常合理，前店后坊，中间客堂，楼上卧房，成为前店、后坊、住房"三位一体"的典型江南风格。自古以来，当地民众将"福""运""平安"等因素融入古代建筑，街道外立面雕梁画栋，尤其以木雕、灰雕、石雕的三雕结合为特色，呈现了"百花齐放，百家争鸣"的风格。紫阳街的路面全由一块块凹凸不平、粗糙开裂的青石板铺就，岁月留下的痕迹清晰可见。木结构建筑物、坊墙和街面石板路，古色古香，向人们展示着无限的魅力。

二、核心基因提取与评价

基于对材料的全面、深入分析，可将本文化元素的核心基因表述为"规模庞大的儒释道建筑群""地域特色鲜明的民居建筑""'芒鞋竹杖任悠然'的自由洒脱性情"。

紫阳街—张伯端核心文化基因评价依据

评价项目	评价因子	评价依据（特点）	是否
生命力评价	文化基因存续的时间	自出现起延续至今，未曾明显中断	√
		自出现起延续至今，但多次衰微、中断后复兴	
		曾明显衰败，改革开放后开始复兴或历史溯源关键环节缺失，难以考证	
		文化形态主体已灭失，现存部分痕迹	
	文化基因的稳定性	在发展过程中保持相当稳定的状态	√
		在发展过程中存在明显的精神内涵、表现形式剧变	
凝聚力评价	文化基因的凝聚力及社会动员效果	曾广泛凝聚起区域群体的力量，显著推动过社会经济文化的发展	
		曾部分凝聚起区域群体力量，对社会经济文化的发展产生过影响	√
		凝聚过力量，创造过实际的发展动能，但未见对社会经济文化发展产生显著改变	
		仅在历史文献或口耳相传中存在，未见实际介入社会经济发展	

评价项目	评价因子	评价依据（特点）	是否
影响力评价	辐射的范围	具有全国性、世界性的影响力	√
		具有长三角区域、浙江省影响力	
		具有市县、乡镇影响力	
	提炼的高度	已经被古代文人士大夫和当代学者提炼为精神符号和理念理论	√
		单纯的样式、造型、工艺技术规范	
发展力评价	与当代精神追求和价值观念的契合	传统文化基因得到创造性转化、创新性发展；区域革命文化基因被完整继承、广泛弘扬；区域社会主义先进文化基因成为与浙江"三个地"相适应的文化高地	
		部分转化、部分弘扬、部分发展	√
		难以转化、难以弘扬、难以发展	

说明：基因特点评价是对解码出来的基因，根据本《导则》表2的要求，围绕"四个力"逐一对表打"√"，进行定性表述

（一）生命力评价

紫阳街形成于唐宋时期，具有鲜明"里坊制"特色，而且是目前国内保存较为完整的一条历史古街。"规模庞大的儒释道建筑群""地域特色鲜明的民居建筑""'芒鞋竹杖任悠然'的自由洒脱性情"作为其核心基因，自出现起延续至今，未曾明显中断，而且在发展过程中保持相当稳定的状态。

（二）凝聚力评价

紫阳古街文化底蕴深厚，有郑虔、张伯端、陈涵辉、王观澜、郭凤韶等先贤故居，北有紫阳道观，中有台州文庙府学——台州府文庙，南有日本佛教天台宗的重要发祥地之一、中日佛教文化交流的重要场所龙兴寺，形成了儒释道三教和合共荣的典范，成为展示台州府城历史文化和开展爱国主义教育的重要

场所，凝聚力强大。

（三）影响力评价

紫阳古街历史悠久，名人辈出。台州府文庙曾在台州地区儒学传播中占据主导地位，紫阳真人张伯端作为道教南宗始祖在我国道教文化及世界文化中都具有影响力。其《悟真篇》早已流传到东南亚，1994年，俄国东方研究中心，将其译成俄文，列入东方文化传记丛书出版。而龙兴寺作为日本佛教天台宗的发祥地和中日佛教文化交流的重要场所，更是具有国际性的影响力。因此，作为核心基因，"规模庞大的儒释道建筑群""地域特色鲜明的民居建筑""'芒鞋竹杖任悠然'的自由洒脱性情"具有全国性、世界性的影响力。

（四）发展力评价

紫阳古街目前是我国最长，保存最完整的历史古街区，已成为临海历史文化名城的重要组成部分，也是台州市历史上最繁华的商业街区。儒释道三教交融的悠久历史以及繁荣的旅游、商品经济都为古城的发展提供了良好的基础。因此，其核心基因"规模庞大的儒释道建筑群""地域特色鲜明的民居建筑""'芒鞋竹杖任悠然'的自由洒脱性情"与当代精神追求和价值观念的契合，具有创造性转化、创新性发展的良好前景。

三、核心基因保存

　　"规模庞大的儒释道建筑群""地域特色鲜明的民居建筑""'芒鞋竹杖任悠然'的自由洒脱性情"是紫阳街——张伯端的核心基因，其资料保存如下：文字资料《道教南宗创始人张伯端》《紫阳街》《紫阳街——张伯端》等文字资料保存于临海市文化基因解码调查组资料库，另外，出版物和古文古籍有《临海县志稿》《临海县志》《宫中档雍正朝奏折》；《古街夜景》《雪后古城》《紫阳古街紫阳故里照壁》《悟真坊坊墙》等21张图片资料保存于临海市文化基因解码调查组资料库；视频《紫阳街》保存于临海市文化基因解码调查组资料库；实物材料紫阳宫遗址、郑广文祠、台州府文庙、龙兴寺、戚公祠、三抚基、十伞巷、五凤坊、三大夫坊、陈函辉、王观澜、郭凤韶的故居、紫阳道观、龙兴禅寺、《道观碑文》石碑保存在临海市紫阳街上。

海防文化

台州府城　临海文化基因

海防文化

　　自秦汉以来，中国古代边患均在北方。从明朝开始，逐步转向海患，即所谓"南倭北虏"。从全国版图来看，倭患以浙江为最，而台州又首当其冲。自明洪武二年（1369）起，台州的沿海地带就屡遭倭寇侵扰。明正统四年（1439）五月，倭寇入侵台州临海桃渚，可谓"灾难空前"。据《嘉靖东南平倭通录》记载："是年五月，倭寇分乘四十多艘战船突袭桃渚，攻破城池，大肆屠杀，手段残忍，令人发指。（倭）大举入桃渚，官庾民舍，焚劫一空；驱逐少壮，发掘冢墓；束婴竿上，沃以沸汤，视其啼号，拍手笑乐；捕得孕妇，卜度男女，刳视中否为胜负饮酒。荒淫秽恶，至有不可言者。桃渚内外，积骸如陵，流血成川，城野萧条，过者陨涕。"

明代倭患猖獗如此，从外部来看，是因为日本时处幕府南北割据时期，大批浪人、武士流窜至中国沿海荼毒百姓，就我国内部而言，是因为明朝实行"闭关锁国"政策，全面实施海禁导致正常海外贸易中断，沿海有失生计的百姓遂附倭为乱。《明史·兵志》载"时（方）国珍及张士诚余众，多窜海岛间，勾倭为寇"。

明洪武十六年（1383），随着浙江沿海地区倭患日益猖獗，朱元璋逐步意识到海防的问题，下决心加强海防建设。次年，信国公汤和巡查东南沿海地区，采用了方鸣谦"戍海固岸"的海防策略，并着手兴建多座抗倭城池。洪武二十一年（1388），汤和与方鸣谦在浙江完成五十九座所城的建造工作。嘉靖年间，东南沿海倭患频起，但"浙人赖（所城）以自保"，可见所城在抗倭斗争中的重要作用。

临海的桃渚所城是彼时所筑的五十九座所城之一，隶属临海海门卫，是明代卫所制度的宝贵历史遗产。该所始建于明洪武二十年（1387），此后两次内迁，距今已有六百多年历史，现为明代浙江沿海卫所中唯一保存完好的建筑。

当然，起关键作用的是抗倭英雄戚继光。戚继光（1528—1587），字元敬，号南塘，山东蓬莱人。其父戚景通，官至都指挥。明嘉靖二十年（1544），戚继光袭职登州卫指挥佥事，备倭山东，开始了他戎马倥偬的军事生涯。

嘉靖三十四年（1555）七月，戚继光调任浙江都司佥书，次年进宁、绍、台参将，守宁波、绍兴、台州（治今临海市）三府。在龙山（今属宁波）、缙云、桐岭与倭寇三战三捷。戚继光乘胜追击逃倭遇伏，他沉着应战，果断指挥，迫使倭寇遁逃入海。实战中，戚继光察知明军作战能力较低，难以抗倭，多次上书请求训练新军。

嘉靖三十七（1558）年，戚继光在岑港（今属舟山）作战失利，遭劾免官。次年三月，在浙江按察使司副使谭纶的节制下，戚继光领兵救援台州，五月就尽歼入侵桃渚的倭寇。九月，戚继光往义乌招募农民、矿工4000余名，按年龄和身材配发兵器，编组训练。十一月，他率兵驻军台州，驻节武场，还曾与谭纶同游天台山。

嘉靖三十九年（1560）春三月，戚继光改台、金、严参将，守台州、金华、严州（今浙江建德东北）三府。他整顿卫所武备，督造战船，严守海防，针对明军兵器装备种类繁多、台州沿海地形多沮泽、倭寇小股分散的特点，创立攻防兼宜的"鸳鸯阵"。"鸳鸯阵"以12人为一队，长短兵器迭用，刺卫兼顾，因敌因地变换阵形，屡败倭寇。利用作战训练间隙，戚继光撰成《纪效新书》十四卷，阐述选兵、编伍、操练、出征等的理论和方法，并以此训练军队，使戚家军闻名于世。

嘉靖四十年（1561），倭寇万余蜂拥浙东象山、宁海、桃渚诸地，戚继光确立"大创尽歼"的灭倭战策，集中水陆军先至宁海，而后依次剿除，九战皆捷，擒斩倭寇1400余人，焚死、溺死倭寇4000余名，史称"台州大捷""辛酉大捷"。"台州大捷"中，戚得日本倭刀刀谱《隐流之目录》一卷，据此著成《辛酉刀法》一书，还用它训练成"戚家刀法"用于鸳鸯阵。是年，浙江倭患得以基本平息，戚升都指挥使，后又募义乌兵三千余名。

除了对倭作战，戚继光在军事建筑领域亦有杰出创造。台州府城的始建年代记载不详，相传为东晋时辛景抵御孙恩所筑。明嘉靖年间，戚继光驻守临海八年，会同台州知府谭纶改造、加厚了台州府城墙，并创造性地修筑了十三座空心敌台，极大地提高了城墙的防御功能。

从嘉靖三十四年（1555）至嘉靖四十一年（1562），戚继光在浙抗倭八年。嘉靖三十八年（1559）前，其抗倭重心在宁波与绍兴，故宁、绍、台参将公署设于宁波（一度移署舟山定海）。嘉靖三十八年（1559）后，浙江抗倭重心在台州，故特设台、金、严参将，其公署设台州。戚继光四年台州抗倭期间，前后三次招收训练两万"戚家军"，使倭寇闻风丧胆，并于嘉靖三十九年（1560）在台州完成了名扬海内外的军事名著《纪效新书》，系统地总结了台州及浙江的抗倭经验，奠定了他"抗倭首将，民族英雄"的历史地位。

在台州抗倭史上，优秀的抗倭将领除戚继光、谭纶外，还有九位：张铁（1504—1566），字宠之，号剑崖，嘉靖二十三年（1544）武科探花，授台州卫指挥，升温处参将，适倭患大作，铁全力战守，城赖以全者十数，擒斩俘虏倭寇至万余。刘恩至，字承甫，号东掖，别号草堂，生卒年不详。嘉靖二十六年（1547）进武进士，授定海把总，屡败侵扰岑港、芦花港、临山卫、普陀临江洋、长堡、沈家门之倭，身先士卒，六战六捷，因战功累升至宁绍参将。刘恩至以"刘家拳"闻名于时，戚继光的"戚家拳"深受其影响。杨文，号筠光，生卒年不详。初由台州知府谭纶招募入伍，后随谭、戚征战南北，凡遇倭寇，每战先登。在仙居、宁海、太平南湾及广东、福建诸役中，他屡立殊功，题授台州卫指挥，升海门参将。后调宁夏，以功积官至辽阳总兵。在嘉靖年间的抗倭战争中，以卒伍起家而授官者尚有总兵刘炳文、参将刘用光、参将吴海瞻、中军游击冯民、中都留守周国政、备倭留守戴起龙等。可惜他们的事迹湮灭，履历难详。

一、要素分解

（一）物质要素

1. 风貌古朴的桃渚古城

桃渚城始建于明洪武二十年（1387），初建于距离现今桃渚城10千米的上盘镇新城村旧城山。由于该城址过于近海，既不利于防守，又易遭台风海潮袭击，桃渚城两次内迁。明正统八年（1442—1443），桃渚城最后一次内迁，时任户部右侍郎的焦宏亲自督造，形成了现在桃渚城的雏形。它三面枕山，一面临海，地形复杂，易守难攻，是一个国防要塞，为兵家必争之地。此后，桃渚城历经多次修葺、增补，形成了现今的规模。

桃渚城城墙呈方形，东西长376米，南北宽390米，用条石块砌筑，周长1366米。城原有敌台12个，均建在"马面"上，于20世纪50年代被拆。桃渚城整体呈明代风貌，城内街道建筑保持明清建筑格局。城有三门，分别设于东、南、西三面，三门均建有瓮城，城门呈拱券形。城外东南两面旧有护城河，现东面尚存。

桃渚古城是国内现存明代抗倭卫所遗迹中保存最好的。古城墙的建筑材料为明代原砖原石，城内街巷保持着互不望底的军事格局，街巷内的古宅古居也保存着明清原貌，此外还留存有12座配套烽堠、古航道、古战场等海防体系建筑物。

2001年，桃渚城被列为国家重点文物保护单位。

2. 兼具防洪、御敌功能的台州府城

台州府城历史悠久，曾兼具防洪和御敌双重功能。其西面、南面沿着灵江，东边沿东湖的西岸修建，北面、西北和东北三面均依逶迤曲折的山脊建城，雄险壮观，居高临下。台州府城曾多次遭洪灾损毁，每次修复都凝聚了当时军事、地理、水利专家的智慧和经验。明嘉靖年间，抗倭名将戚继光驻守浙江八年，会同台州知府谭纶改造台州府城墙的结构，将其加高加厚，并创造性地修筑了十三座空心敌台。

（二）精神要素

"但愿海波平"的家国情怀

"小筑渐高枕，忧时旧有盟。呼樽来揖客，挥麈坐谈兵。去护牙签满，星含宝剑横。封侯非我意，但愿海波平"，这是明代抗倭名将戚继光在台州抗倭时所作的《韬钤深处》诗。其中，"封侯非我意，但愿海波平"一句广为流传，它描绘了一位戎马倥偬，赫赫战功的民族英雄形象，展现了他伟大的人格和博大的胸怀。从嘉靖三十四年（1555）七月任浙江都司金事至嘉靖四十一年（1562）升任福建副总兵，戚继光在浙抗倭八年，前后三次招收训练两万"戚家军"，创造"鸳鸯阵"，九战九捷，使倭寇闻风丧胆，又著成名扬海内外的军事名著《纪效新书》，系统地总结了台州及浙江的抗倭经验，为我国抗倭事业做出了卓越的贡献。

（三）制度要素

1. "戍海固岸"的海防理念和卫所制度

信国公汤和奉命"巡视海上"，问计于出身台州"水师世家"的方鸣谦（方国珍从子）。方鸣谦于明洪武间曾任广洋卫指挥，熟悉海上防务，他建议："倭海上来，则海上御之耳。请量地远近，置卫所。陆聚步兵，水具战船，错置其间，俾倭不得入，入亦不得傅岸，则可制矣。近海民四丁籍一以为军，戍守之，可无烦客兵也（《明史·汤和传》）。"这就是著名的"戍海固岸"海防观。"御敌于海"，即置战船以巡海，御敌于海上，"固防于岸"，即选海岸要冲之地建卫所城以防守，达到"海陆兼防"的效果。明代海防"卫所"制度源于台州，它

奠定了明清（鸦片战争前）海防事业的思想基础。后来诸多抗倭名将胡宗宪、郑若曾、谭纶的"御海洋、固海岸"海防论由此发展而来。洪武二十一年（1388），汤和与方鸣谦在浙江共筑五十九座卫所。

2. 克敌制胜的"鸳鸯阵法"

台州位于浙江东南沿海丘陵地带，三面环山，一面临海，地形多山陵沼泽，道路崎岖狭长，不利于大兵团作战。早在汉武帝时，就有"东越狭多阻"的结论。然而，倭寇擅长单兵作战，且倭刀为"双手刀"，其长度、力度与速度使明军难以招架，加之明军将骄兵惰、武备荒弛，故倭寇得以横行东南沿海。戚继光针对台州地形"多数泽，不利驰逐，乃因地形，制阵法"，倭寇闻风丧胆的"鸳鸯阵"在台州应运而生。

"鸳鸯阵"以十二人一队为作战基本单位，长短兵器互助结合并且随地形和战斗需要不断变化。鸳鸯阵阵型中，最前为队长，次二人一执长牌、一执藤牌，长牌手执长盾牌遮挡倭寇的重箭、倭刀，藤牌手执轻便的藤盾并配有标枪、腰刀，长牌手和藤牌手主要职责是掩护后队前进，藤牌手除

了掩护还可与敌近战。再二人为狼筅手，狼筅为台州生长的毛竹制成的兵器。戚继光选其老而坚实者，将竹端斜削成尖状并加以利刃，同时保留毛竹四周尖锐的枝杈。每支狼筅长3米左右，狼筅手利用狼筅前端的利刃刺杀敌人，以掩护盾牌手的推进和后面长枪手的进击。四名手执长枪的长枪手，左右各二人，分别照应前面和左右两边的盾牌手和狼筅手。后方跟进的是使用短刀的短兵手，如长枪手未刺中敌人，短兵手即持短刀冲上前去劈杀敌人。最后一名为负责伙食的火兵。

"鸳鸯阵"使各类武器紧密结合，充分发挥其效能，而且阵形变化灵活。根据情况和作战需要，"鸳鸯阵"可变纵队为横队，变一阵为左右两小阵或左中右三小阵。当变成两小阵时称"两才阵"，左右盾牌手分别跟随左右狼筅手、长枪手和短兵手，护卫其进攻。当变成三小阵时称"三才阵"。此时，狼筅手、长枪手和短兵手居中。盾牌手在左右两侧护卫。这种变化了的阵法又称"变鸳鸯阵"。此阵运用灵活机动，正好抑制住倭寇倭刀优势。戚继光率领"戚家军"，经过"鸳鸯阵"法演练后，在与倭寇的作战中，每战皆捷。

3．"师倭长技以制倭"的"戚家刀法"

明朝时，倭寇的单兵作战能力甚强，倭刀又锋利难挡，明军伤亡很大。戚继光在十二卷本《纪效新书》卷4《短器长用解》中说："长刀，此自倭犯中国始有之。彼以此跳舞光闪而前，我兵已夺气矣。倭喜跃，一逆足则丈余，刀长五尺，则大五尺矣。我兵短器难接，长器不捷，遭之者身多两断。缘器利而双手使用，力重故也。"

戚继光在"台州大捷"后采取"师倭长技以制倭"的策略，以日本倭刀之势法，著成了《辛酉刀法》。《辛酉刀法》由两部分组成，前面是用日本文字写成的《隐流之目录》及其"习法"，后面是戚氏刀谱的演练法。《辛酉刀法》合中日两国刀法为一谱，是中日剑刀武艺交流史上的珍贵文献。日本学者认为，戚继光在台州所得的《隐流之目录》，为"日本剑道三大源头"之一的"阴流"流祖爱洲移香斋之子爱洲小七郎所著。

戚继光将"辛酉刀法"首先运用在"鸳鸯阵"中。在"鸳鸯阵"最基本的"队"建制中，两个鸟铳手是正副队长，但要求二人"仍习双手刀为短兵。"步兵也是如此，凡鸟统手，"给长倭刀一把"。此外，步兵或给短刀、或给长刀。每当操练时，如假设敌人为骑兵，持长刀者"以原习倭刀进法"，下砍马腿，上砍马头。如假设敌人为步兵，"倭刀二人一排，舞路既多，疾速，为上等"，或者"以木刀对砍，举落疾速，不使人乘隙得犯者为上等"。把日本刀法吸收到中国军队里来，充分反映了戚继光"师倭长技以制倭"的可贵精神。

戚继光在"戚家军"中积极推广"辛酉刀法"，并制定了切实可行的训练教程。在后来长达二十多年的"御倭、御鞑"戎马生涯中发挥了重要作用。"辛酉刀法"在海内外影响巨大，在国内它促成"苗刀刀法"与"双手刀法"的产生，且在海外明代"万历壬辰援朝"战争中发挥了巨大作用。彼时，数万"戚家军"作为"万历壬辰援朝之战"的劲旅，身着红衣，"劲悍无敌"，倭寇见之"怃然有惧色"(《朝鲜李朝实录》记载)。统军将领吴惟忠、骆尚志等，都是军中优秀将领，其中尤以骆尚志（绰号"骆千斤"）最为突出。骆尚志依照"戚家军"练兵模式，协助朝鲜练兵，并选派军中教习向朝鲜军队传授"鸳鸯阵法"与"辛酉刀法（双手刀法）"。练兵深受朝鲜军民珍视，在朝鲜李朝国王派人将此绘图配文，编成《武艺图谱通志》，刊刻行世。

二、核心基因提取与评价

基于对材料的全面、深入分析，可将本文化元素的核心基因表述为"风貌古朴的桃渚古城""'但愿海波平'的家国情怀""'戍海固岸'的海防理念和卫所制度"。

海防文化核心文化基因评价依据

评价项目	评价因子	评价依据（特点）	是否
生命力评价	文化基因存续的时间	自出现起延续至今，未曾明显中断	√
		自出现起延续至今，但多次衰微、中断后复兴	
		曾明显衰败，改革开放后开始复兴或历史溯源关键环节缺失，难以考证	
		文化形态主体已灭失，现存部分痕迹	
	文化基因的稳定性	在发展过程中保持相当稳定的状态	√
		在发展过程中存在明显的精神内涵、表现形式剧变	
凝聚力评价	文化基因的凝聚力及社会动员效果	曾广泛凝聚起区域群体的力量，显著推动过社会经济文化的发展	√
		曾部分凝聚起区域群体力量，对社会经济文化的发展产生过影响	
		凝聚过力量，创造过实际的发展动能，但未见对社会经济文化发展产生显著改变	
		仅在历史文献或口耳相传中存在，未见实际介入社会经济发展	

评价项目	评价因子	评价依据（特点）	是否
影响力评价	辐射的范围	具有全国性、世界性的影响力	√
		具有长三角区域、浙江省影响力	
		具有市县、乡镇影响力	
	提炼的高度	已经被古代文人士大夫和当代学者提炼为精神符号和理念理论	√
		单纯的样式、造型、工艺技术规范	
发展力评价	与当代精神追求和价值观念的契合	传统文化基因得到创造性转化、创新性发展；区域革命文化基因被完整继承、广泛弘扬；区域社会主义先进文化基因成为与浙江"三个地"相适应的文化高地	√
		部分转化、部分弘扬、部分发展	
		难以转化、难以弘扬、难以发展	

说明：基因特点评价是对解码出来的基因，根据本《导则》表2的要求，围绕"四个力"逐一对表打"√"，进行定性表述

（一）生命力评价

自明朝始，我国形成了"戍海固岸"的海防观，留下了辉煌的抗倭史。在台州海防历史遗产中最为宝贵的三大核心基因，即"风貌古朴的桃渚古城""'但愿海波平'的家国情怀""'戍海固岸'的海防理念和卫所制度"，分别以实物、史迹史料、故事传说的载体形式一直延续至今，未曾中断，并保持了较为稳定的形态，因此具有强大的生命力。

（二）凝聚力评价

"风貌古朴的桃渚古城""'但愿海波平'的家国情怀""'戍海固岸'的海防理念和卫所制度"三大基因是临海乃至台州海防文化的核心组成部分，曾广泛凝聚起区域群体的力量，显著

推动过社会经济文化的发展。其中，桃渚古城是我国海防卫所制度的重要产物，也是浙东沿海唯一一座保存完好的所城，至今依然发挥着传承海防历史和爱国精神的重要作用。"封侯非我意，但愿海波平"的家国情怀体现了民族英雄戚继光伟大的人格和爱国热忱，鼓舞着后人坚守国家主权和领土的完整。

（三）影响力评价

"风貌古朴的桃渚古城""'但愿海波平'的家国情怀""'戍海固岸'的海防理念和卫所制度"三大核心基因依然具有较强的影响力。海防理念、卫所制度以及实物遗产桃渚古城是海防历史的核心组成部分，在我国东南沿海一带具有较强的影响力。"封侯非我意，但愿海波平"的家国情怀伴随着民族英雄戚继光的足迹遍布中国南北，在全国形成较强的影响力。

（四）发展力评价

"风貌古朴的桃渚古城""'但愿海波平'的家国情怀""'戍海固岸'的海防理念和卫所制度"与当代精神追求和价值观念契合，是我国海防历史的重要组成部分和关键历史节点，在如今是普及国防教育、宣传爱国主义的重要载体，具有创造性转化、创新性发展的巨大潜力。

三、核心基因保存

　　"风貌古朴的桃渚古城""'但愿海波平'的家国情怀""'戍海固岸'的海防理念和卫所制度"是海防文化的核心基因，其资料保存如下：文字资料《明代抗倭九将领》《戚继光兵法》《桃渚城》《戚继光将军九战九捷》《戚继光》等8项文字资料保存于临海市文化基因解码调查组资料库，另外，出版物和古文古籍有《纪效新书》《明史·日本传》《御倭史料汇编》《民国台州府志·大事记略》《明史·兵志》《明史·戚继光传》；《烽火台》《桃渚古城全景》《古城沧桑》等21项图片资料保存于临海市文化基因解码调查组资料库；《凤凰卫视戚继光与古城临海》等视频资料保存于临海市文化基因解码调查组资料库；实物材料有桃渚古城、台州府城、谭纶画像碑等。

东湖——巾山

台州府城　临海文化基因

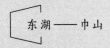 东 湖——巾 山

临海东湖原为城北白云、山宫数溪汇合处,南流注入灵江。宋端拱二年(989)朝廷下派造船任务,郡守张蔚于此建船场,驻水军。宋熙宁四年(1071),郡守钱暄在此凿湖,后经历代拓建,至清康熙十八年(1679)和同治十年(1871)知府鲍复泰、刘王璈两次大浚修,初具今日之规模。

东湖呈长方形,南北长约500米,东西宽150米,湖中筑长堤两条。东西向的横堤将全湖一分为二,南曰前湖,北曰后湖,横堤东西两端各有一石拱桥跨湖岸,堤坝中段筑一小洲,曰"浣月"。"浣月洲"居全湖中心，洲中遍植樟、柏、梧、桂，高荫横云，自成绿岛。南北走向的纵堤则将后湖又分为东、西后湖，纵堤中段亦有一洲名为"樵云"。

浣月洲南三四十米又有一湖中洲，有九曲扶栏石桥与浣月洲相连。洲上环栽绿树红花，中有大亭巍峨，此亭初曰凝碧亭，后名湖心亭。湖心亭亭阁三层，飞檐八出，翘角滴翠，梁壁辉煌，气势宏伟，构造精心。此亭为全湖揽胜之佳处，正如"湖心亭"楹联所赞："划开圜阓移仙岛，画就湖山入寺楼。"

九曲湖桥东侧，有"半勾亭"，为宋郡守钱暄始建，至清同治时知府刘王璈移建在此。"半勾亭"取唐白居易《春题湖》一诗中"未能抛得杭州去，一半勾留是此湖"之诗意。此亭单层六角，以六石柱擎撑水上，构成亭下水阁、亭上云台。"湖中蓬莲，万幅如锦。红绿成章，荫影相映"即指此亭。

湖心亭与半勾亭，相邻而异趣，大亭有登高眺远之胜，小亭有就近探微之妙。初阳东升之晨，月轮高悬之夕，置身于大、小亭之间的长桥上，殊多

情味，昔人题联曰"闲云何事出青岫，山水无心横素波"。

湖亭东侧有"小瀛洲"。洲上曾建上蔡书院，宋理学家朱熹手书"小瀛洲"三字，镌石作书院大门悬额。1995年1月，临海历史文化名城管理委员在"小瀛洲"建了一座石刻碑林，碑林内集中了文物部门所征集保管的历代石刻碑林百幅。其中有明代抗倭的权威实物史料"谭纶画像碑"和"戚继光表功碑"。碑记讲述了民族英雄戚继光及其上司谭纶"心在国家而身先士卒，勇不畏难而善谋歼敌"的抗倭事迹。

除了秀美的东湖，临海还有人文荟萃的名胜风景——巾山。

巾山，又称巾子山，位于古城东南隅，高百余米，三面临街，南濒灵江，两峰耸立，中垂凹谷。其山形东望如麒麟，西看似伏牛。山上林木茂密，风景幽丽，有三元宫、南山殿、巾山寺、天宁寺、茅庵、望江楼、听涛阁、翠微阁、明代摩崖题刻等建筑，史迹隐于其间。

历朝历代都有文人墨客专程前来巾山，留下无数诗篇，其中就有唐著名诗人任蕃之作："绝顶新秋生夜凉，

鹤翻松露滴衣裳。前峰月照半江水，僧在翠微开竹房"。李白、孟浩然、朱熹也曾来到巾山留下诗篇，诗人顾况更是在巾山居住了四年的时间，留下了十数首诗，记叙了他当年的思想、生活与情趣。

在巾山西峰塔下西侧有个华胥洞，相传为华胥子所居。华胥子即皇华真人，传说其为古代道士，曾在山上炼丹修道，历经磨练，终于得道升天，成为仙人，当他驾鹤仙去时，一阵微风将他的头巾吹落，飘然而下，变成了巾山两峰，是为巾山名称的由来。两峰之间的一块石壁上，有"遗巾处"三字镌刻，边上有块平坦的巨石，人们称之为"仙人床"，石壁上方刻有一个桌面大的"佛"字，在这下面有"巾山摩崖"，民国时邑人屈映光在此处题有"通幽"二字。

巾山山顶分东峰、西峰，两峰相距五、六十米，为巾山的最高点，也是中国历史文化名城临海的标志。双峰于唐代建双塔，南宋临海人陈耆卿所撰《嘉定赤城志》记载："两峰如帢帻，一号'帢帻峰'，其顶双塔差肩屹立"。临海人称之为大小文峰塔，大塔螺旋中空，内有石级盘旋而上，

可以登顶远眺，小塔实心。在巾山两峰南侧有座南山殿，殿前有长阶，石阶下有戏台，戏台南面高矗着修长的南山殿塔。据说，此塔是为纪念唐天宝十四年（755）抵御安禄山而死守睢阳城的张巡而建。在南山殿的北面，有多宝塔，即千佛塔，因塔的各面面砖和壁龛上均刻有佛像一千多尊，故称千佛塔。多宝塔和南山殿塔、巾峰双塔合称为"巾山群塔"。一山四塔，实属罕见。

除了巾山群塔，巾山各山坡上遍布寺庙宫殿，形成了儒释道文化交融的局面。在巾山南麓有天际阁，俗称小寒山，系明末义士陈函辉的读书处。陈函辉追随先贤方孝孺舍生取义，是台州浩然正气的杰出代表。兜率系印度梵文音译，为知足常乐之意。禅寺建于五代十国时吴越广顺三年（953），胜光和尚居之，故名"胜光安国"。宋代大中祥符元年（1008）改名"兜率寺"。寺中有怡道轩、钟鼓楼、藏经阁、大雄宝殿等建筑。古代寺院前樟后柏，兜率寺前面的古樟皆有几百年的历史，高大的树冠郁郁葱葱，蔚为壮观。

在巾山西麓，沿石级上攀，可一

直抵达南山殿。循南坡小道可至玉辉堂（今圮）。此堂是明代正德年间台州太守顾东桥所建。古人将君子比德于玉，建堂时适逢大雪，相映成辉。堂上旧有"西南诸峰，林壑尤美。春夏之交，草木际天"一联。玉辉堂西侧为三元宫，系巾子山保存较完好的古建筑。明代万历八年（1580）此宫建成，清代道光年间重修。道教称天、地、水为"三元"。

三元宫西侧为杨节愍公祠，为民国八年（1919）杨氏后人为纪念杨时熙所建。杨时熙字知白，临海城西人，是一个铮铮铁汉。明末时，他任两淮盐运使，是著名爱国将领史可法的部下。顺治二年，清兵十万围扬州。史可法命杨时熙共同守城。五月，清兵克扬州，史可法殉国，时熙自缢于城上。子廷栋，省亲至扬州，亦从父死。清代乾隆时，赐谥"节愍"。

紧挨着杨公祠的建筑是中斗宫（俗称斗阁），因崇奉斗姆之神而建。斗姆是道教所信奉的女神。传说她是北斗众星之母。宋元以来崇奉渐盛，尊为"先天斗姆大圣元君"。宫内有愍忠祠，系明代嘉靖年间台州府知事武公崇祀处。武公因御倭死难，祠久圮，唯石碑尚存。宫中还辟有读画阁，阁中有构舫，绕以朱栏，名"不浪舟"。此间远眺，澄江匹练，群山围屏，竹树烟笼，风景清旷。

从巾山北麓登山，沿着石级，经茅庵岭西折，可直上巾子山峰。南坡有一花岗石建筑，曰逋翁亭，为近年所建。逋翁是中唐著名诗人顾况的字，顾况曾客居临海，任临海新亭监。2017年1月，东湖被公布为浙江省文物保护单位。2019年10月，巾山塔群被公布为全国重点文物保护单位。

一、要素分解

（一）物质要素

1.鳞次栉比的亭台楼阁

东湖分为三大景区，即湖东景区，湖心景区、后湖景区，湖内建筑物数量丰富。湖东景区由伊水山庄、荣兴堂、东湖碑林组成。湖心景区由湖心亭、半勾亭、骆宾王祠、樵云阁、逢源亭、樵夫祠遗址组成。后湖景区由琪水园、小鉴湖、海礁苑组成。前湖月堤上"浣月洲"居全湖中心，后称"樵云阁"。其南又有湖中洲。洲上建有"湖心亭"。亭阁三层，飞檐八出，高瓴流瓦，翘角滴翠，气度宏伟，构造精巧，为全湖览胜之佳处，古今游者留下颇多诗词对联，如"四壁云山天上下，一亭风月水中央""四面轩窗宜小坐，一湖风月此平分"。九曲湖桥东侧有"半勾亭"，单层六角，以六石柱擎撑水中。后湖樵云洲上原有荣禄祠、文昌阁、逢源亭等。今尚存逢源亭，长石平架，护以栏板。

2.造型古雅的千佛塔

千佛塔是巾山诸多历史遗迹中最珍贵的文物，该塔始建于唐天宝三年（744），共七级六面，高30多米，其内中空。从第一级起，每级都设有一个"壶门"，从第二级开始，每级每面除"壶门"外，均设有壁龛。千佛塔为砖木混合结构的楼阁式建筑，是罕见的建筑艺术珍品，在建筑史上也有一定的地位。在国际上，千佛塔也有一定的影响。日本常盘大定在其著作中刊有摄于1922年前后的照片和介绍文章，文章称"千佛塔巍然雄豪的风姿还依然存在，特别是壁面的千佛砖，进一步体现了它外观的庄严美"。此外，日本的《东方美术大观》等杂志亦载有此塔的照片及介绍文章。

3.气韵灵秀的东湖

清文人俞樾有语云："杭州有西湖，台州有东湖，东湖之胜，小西湖也。"与西湖的面积相比，东湖显得渺小，但论亭台楼阁之美，湖泊水流之灵，东湖有其独特之处。作为一个拥有千年历史的江南名湖，东湖处处皆故事，步步是风景，湖中水质清澈，水中各式各样的石桥遍布，蜿蜒曲折，串联起湖中的亭台楼阁。这些建筑物精美而富有气势，亭身雕龙饰凤，坐于亭中，清风拂面，令人心旷神怡。除了湖水、亭台，园中遍植绿树，这些绿树枝干粗壮，枝繁叶茂，夏季绿荫森森，秋天枫叶绯红，色彩斑斓，格外秀美。

（二）精神要素

独特的"台州式硬气"人文性格

在秀美的东湖风景之中还保存着诸多历史人物的史迹、流传着平民百姓的传说，最典型的就是一位樵夫，他身上呈现出独特的"台州式硬气"人文性格。为了纪念他，临海人在东湖建起了祠堂以供后人瞻仰。

骆宾王祠建在东湖的小瀛洲上，纪念的是骆宾王，他曾在临海担任过县丞一职，故又称骆临海。该祠门口柱子上挂着一幅绝妙对联："山月常明，应知诗杰丞临海；湖波乍涌，恍见文澜动则天。"短短几句话，写尽了他一生文采卓绝与忠肝义胆。清代林翘楚就写诗赞颂："义旗初建识忠纯，草檄伤心泪点频。女主亦知真国士，当时宰相是何人？"骆宾王祠，是对忠勇无畏、志存高远的民族性格的认同，是一本提倡传统美德的教科书。

在骆宾王祠附近有一座樵云阁。相传樵云阁是为了纪念一位不知姓名的樵夫。明朝靖难之变，文帝逊位，成祖登基，樵夫气愤其不仁不义，投湖而死。古代人文地理学鼻祖、明代南京鸿胪寺正卿、临海人王士性有诗颂云："一言大义明霄汉，万死余生直草菅。姓字不传芳迹在，至今俎豆出人间。"清代康熙时台州知府鲍复泰也写诗赞他："不欲姓名遗后世，尚留庙貌识先民。共知草莽多贤士，愧杀当年折节臣。"

（三）制度要素

儒释道文化共荣共兴的发展规范

历经千百年的发展，巾山上寺庙、宫殿、祠堂数量多、分布密集。巾山南麓有天际阁，俗称小寒山，系浩然正气的明末义士陈函辉的读书处，几十步之遥处为巾子山最大的兜率禅寺，始建于五代十国时广顺三年（953），不远处为明代正德年间台州太守顾东桥所建玉辉堂，寓意君子之德如玉。玉辉堂西侧为道教三元宫，于明代万历八年（1580）建成，清代道光年间重修，"三元"在道教中指的是"天、地、水"。三元宫西侧为杨节愍公祠，为后人为纪念爱国将领、铮铮铁汉杨时熙所建。紧挨着杨公祠的建筑便是中斗宫（俗称斗阁），奉道教斗姆之神，宫内有愍忠祠，系明代嘉靖年间台州府知事武公崇祀处。武公因御倭死难，祠久圮，唯石碑尚存。在巾山西麓，缘石级而上，左侧可见五级六面古塔，

明代万历年间建。再上几步，就是南山殿，为唐张巡崇祀处。安史之乱时张巡守睢阳（今河南杞县），在内无粮草，外无援兵的情况下，他坚守数月不屈，后于睢阳失守时被杀害。此殿于明末重修。

（四）语言和象征符号

1. 覆钵式的塔身造型

千佛塔是临海现存最早的古塔，始建于唐天宝三年（744），现身为元大德三年（1299）重建，是台州现存唯一的元塔，也是浙江境内为数不多的元塔之一。宋元以来，即藏传佛教后弘期，特别在元代，西藏的喇嘛教受到元朝统治者的推崇，建造的塔也以喇嘛塔（覆钵式造型，一般由塔基、塔身、塔脖子即相轮、塔刹四部分组成）为主。千佛塔在重建时采用了覆钵式的元塔造型，规模、高度、式样均与宁波的阿育王塔相仿，不仅有较高的艺术价值，在建筑史上也有一定地位。

2. 呈跏趺坐的浮雕佛像造型

巾山千佛塔因塔的各面和佛龛均有佛像砖贴面而得名。站在远处看，塔面每块砖上的外凸佛像隐隐约约，模糊可辨。走近观看，佛像一目了然，

就连塔面佛龛侧面都嵌有佛像，整整齐齐，密密麻麻，奇特有趣。在阳光的映照下，塔面连片整齐排列的半立体佛像形成的光影煞是动人。从单个佛像看，佛像砖系模压烧制，如浮雕般突出于砖面，衣皱线条流畅，比例匀称。佛像呈趺珈坐姿于莲花宝座上，雍容安宁，端庄慈祥，仪态大方。因年代久远，风雨侵蚀，古塔塔面特别是高层部分佛像有不同程度的残损，更显古朴，而底层塔面佛像则大多是重修时仿制。

二、核心基因提取与评价

基于对材料的全面、深入分析，可将本文化元素的核心基因表述为"气韵灵秀的东湖""独特的'台州式硬气'人文性格""儒释道文化共荣共兴的发展规范"。

东湖——巾山核心文化基因评价依据

评价项目	评价因子	评价依据（特点）	是否
生命力评价	文化基因存续的时间	自出现起延续至今，未曾明显中断	√
		自出现起延续至今，但多次衰微、中断后复兴	
		曾明显衰败，改革开放后开始复兴或历史溯源关键环节缺失，难以考证	
		文化形态主体已灭失，现存部分痕迹	
	文化基因的稳定性	在发展过程中保持相当稳定的状态	√
		在发展过程中存在明显的精神内涵、表现形式剧变	
凝聚力评价	文化基因的凝聚力及社会动员效果	曾广泛凝聚起区域群体的力量，显著推动过社会经济文化的发展	
		曾部分凝聚起区域群体力量，对社会经济文化的发展产生过影响	√
		凝聚过力量，创造过实际的发展动能，但未见对社会经济文化发展产生显著改变	
		仅在历史文献或口耳相传中存在，未见实际介入社会经济发展	

续表

评价项目	评价因子	评价依据（特点）	是否
影响力评价	辐射的范围	具有全国性、世界性的影响力	
		具有长三角区域、浙江省影响力	
		具有市县、乡镇影响力	√
	提炼的高度	已经被古代文人士大夫和当代学者提炼为精神符号和理念理论	
		单纯的样式、造型、工艺技术规范	√
发展力评价	与当代精神追求和价值观念的契合	传统文化基因得到创造性转化、创新性发展；区域革命文化基因被完整继承、广泛弘扬；区域社会主义先进文化基因成为与浙江"三个地"相适应的文化高地	√
		部分转化、部分弘扬、部分发展	
		难以转化、难以弘扬、难以发展	

说明：基因特点评价是对解码出来的基因，根据本《导则》表2的要求，围绕"四个力"逐一对表打"√"，进行定性表述

（一）生命力评价

"气韵灵秀的东湖""独特的'台州式硬气'人文性格""儒释道文化共荣共兴的发展规范"三大核心基因自出现起延续至今，未曾明显中断，在发展过程中保持相当稳定的状态。"气韵灵秀的东湖"指的是东湖的美学特征，经宋端拱二年郡守张蔚驻水军、宋熙宁四年郡守钱暄开凿为湖、清康熙、同治年间两次大浚修形成今日的现状。"台州式硬气"则作为台州地区的地域人文性格，受当地自然环境、人文历史的影响，历经千百年形成，亦具有稳定性和生命力。"儒释道文化共荣共兴的发展规范"逐步形成于历史长河，目前其文化活动依然十分活跃。

（二）凝聚力评价

"气韵灵秀的东湖""独特的'台州式硬气'人文性格""儒释道文化共荣共兴的发展规范"曾广泛凝聚起区域群体的力量，显著推动过社会经济文化的发展。东湖是台州人的宝贵财富，为台州人提供了江南园林的生活体验和人文历史遗产，是台州人生活中不可分割的一部分。"台州式硬气"作为地域人文性格，对当地人的行为模式、思维方式均有深刻影响，形成了以地域为核心的身份认同，固然具有很强的凝聚力。"儒释道文化共荣共兴的发展规范"则体现了台州人文化包容互鉴的特点。

（三）影响力评价

"气韵灵秀的东湖""独特的'台州式硬气'人文性格""儒释道文化共荣共兴的发展规范"具有长三角区域、浙江省影响力。东湖之秀美，足以与西湖相称，虽然其影响力尚不足，但在省内具有一定的知名度。"台州式硬气"作为台州的地域人文性格，存在于每一个台州人身上，随着他们外出经商、为官、求学，越来越多的国内同胞对这一性格有了认识和理解。另外，"儒释道文化共荣共兴的发展规范"作为一种特殊的罕见文化现象，在长三角地区具有一定的影响力。

（四）发展力评价

"气韵灵秀的东湖""独特的'台州式硬气'人文性格""儒释道文化共荣共兴的发展规范"与当代精神追求和价值观念契合，具有创造性转化、创新性发展的潜力。灵秀精致气韵体现出东湖宝贵的旅游资源价值；"台州式硬气"体现出台州人敢于担当、重诺守信的可贵品质；儒释道共荣共兴的局面体现出和谐、包容的文化氛围，因此，三大核心基因具有较强的发展力。

三、核心基因保存

　　"气韵灵秀的东湖""独特的'台州式硬气'人文性格""儒释道文化共荣共兴的发展规范"是东湖——巾山的核心基因，其资料保存如下：《画就湖山入寺楼》《巾山诗话》等6项文字资料保存于临海市文化基因解码调查组资料库，另外，出版物和古文古籍有《嘉定赤城志》《东方美术大观》；《东湖远眺》《巾山、龙兴寺及千佛塔》《东湖与北固山、白云山构成的山水景观》等21项图片资料保存于临海市文化基因解码调查组资料库；《巾山》《东湖》视频材料保存于临海市文化基因解码调查组资料库；东湖景区、巾山景区等实物资料位于浙江省临海市。

恩泽医局

台州府城 临海文化基因

恩泽医局

恩泽医局坐落在临海古城北固山上，由清末英国传教士白明登创立，是浙江省医药文物遗址之一，是清末基督教浙江教区三大医院（台州"恩泽"、杭州"广济"、宁波"仁泽"）中保存最完整的历史建筑。恩泽医局见证了台州西医的艰苦创业史以及抗日战争、世界反法西斯战争的历史片段，具有重要的史料价值。

清代末期，近代西方的医疗技术伴着西方传教士传入中国。起初，国人对西方的医疗方法并不接受，绝大多数老百姓依靠中医中药和草药诊疗。后来，英国基督教圣公会传教士兼医生白明登和韩涌泉先后在台州府城的炭行街（今紫阳街南段）和板巷口（今继光街北段）边传教边行医，当地人慢慢接受了西医诊疗方式。清光绪二十七年（1901），白明登向清政府、教会提出申请建立医院，并将院址选于风景秀丽、松柏苍翠、绿草如茵的北固山腰。亲近自然、休闲舒适的院内环境有助于病人放松心态和恢复身体，因此医局后来的院长陈省几评价这座依山而筑的医院"既可治病，亦可养心"。

然而，1914年第一次世界大战爆发，原属教会的所有外籍医生纷纷回国，包括创建医院的白明登。虽然教会陆续派了几名传教士接管，但是在风雨飘摇的战争年代，医局经营极为艰难。战后，白登明也因健康缘故不能再胜任跨国医疗工作。20世纪20年代中期，因教会实在无力支撑，恩泽医局被迫停办，教会决定将医局拍卖。

此时，祖籍台州、任职于杭州广济医院（即今浙二医院的前身）的年轻医生陈省几听说后立即辞职赴临海，毛遂自荐，请求续办医局。1933年8月5日，陈省几医生与中华圣公会浙江教区会基督高德斯签订了出资购买恩泽医局产权的合约。根据合约，陈省几需要先付银元1万元，剩下余款必须在翌年7月30日医院移交时付清，共计银元2万元，这在当时不是个小数目。为了支付这笔巨款，陈省几多方借贷，最终因为无力及时交付，拖至1940年11月，才最终累计以15600元银元支付了结。陈省几曾在诗文《好鸟歌》中记录了自己接手医局的过程："医务停顿六七载，西人会议期出售。我时寄迹杭广济，闻之恻恻为隐忧。星夜驰书求续办，西人欣然嘱接收。"

购得恩泽医局后，陈省几将恩泽医局改为恩泽医院，并制定了一系列规章制度。同时，他还设立了恩泽医校，规定医科学制为五年，护理为两年，对外招收学员，以台州籍学员为主。从此，恩泽医院的重新步入正轨。后来，由于该院规模较大，设备较好，抗战时省立医药专科学校迁址临海时曾将它作为教学实习基地。办院期间，陈省几对穷困病患常无偿予医予药，甚至立下遗嘱要将恩泽医院无偿捐赠，并言明"其永为台州地方贫苦病人医病之所"。

通过陈省几父子以及恩泽医院医护、教学人员的努力和奉献，台州地区公共卫生事业和临床医学事业获得空前发展。这也为后来二战时期台州医生冒死救治美国杜立特尔航空队队员埋下了伏笔。

1941年12月7日，日本偷袭了珍珠港，美国海军的太平洋舰队遭受重挫，太平洋战争爆发。次日，美国对日宣战。1942年4月18日，美国传奇空军少校詹姆斯·杜利特尔，率16架轰炸机轰炸日本东京。然而，为了防范日本巡逻船警报和日军反击，提前起飞400英里的轰炸机编队在完成任务后不得不提前迫降或跳伞。由于黑暗、大雾和缺油，15架飞机在中国浙江和江西、安徽迫降，75名机组人员中，三人在迫降时遇难，八人跳伞后落在占领区而被日军俘虏。其中由机长劳逊带领的七号机组，在三门湾迫降，成就了一段台州人民与美国人民并肩作战、共抗法西斯的佳话。

美军飞机在三门湾附近海域坠毁后的4月19日下午，临海县县长庄强华接上级紧急通知，亲自至临海恩泽医院通知陈省几院长，组织救护组赴三门县救护美国受伤飞行员。陈省几立即指派长子陈慎言医师以及沈听琨医师和张雪香护士及临海县政府组织的救护队等星夜赶赴三门。4月20日清晨救援队到达三门海游，陈慎言医师仔细查看了受伤飞行员劳逊

（Lossin）、达文波（Devenbon）、麦克伦（Makalen）、克拉文（Kolavon）等4人的伤情。劳逊的伤势严重，陈慎言医师作了简单的处理后，旋即向上级请示。经台州杜伟专员允准，决定翌日将全部伤员抬回临海恩泽医院进行治疗。4月21日晚上10点多钟，伤员们终于转送到恩泽医院。由于战时药品奇缺，医生们倾全院之力，组织了传教士派克夫妇、玛丽斯貌尔护士，一起参与救治。

陈慎言在他的回忆录里这样描写劳逊的伤势：左小腿扯裂伤，胫骨已外露，颜面部严重受伤，上下门牙全部脱落，下巴有个别门牙受外力碰撞导致嵌入下颌骨，上门牙嵌入鼻窦，严重失血，高热。4月24日，随队军医华特先生也赶来恩泽医院与陈慎言医师一起参与治疗。随着时间推移，劳逊伤口恶化、高烧不退，如果不采取进一步治疗措施，将危及劳逊生命。华特与陈慎言商定，必须进行截肢手术，才能保住性命。在征得劳逊的同意后，医护人员在简陋的手术台上进行了手术。参与手术的有陈慎言、华特、斯貌尔、张雪香以及另外一位护士和传教士道客菲兹克拉德夫人。做

手术的同时政府还电请战时迁移在缙云壶镇的浙江省立医药专科学校派医师增助。手术进行得比较顺利，术后，由于伤员身体非常虚弱，与其他伤员在恩泽医院疗养。其间，政府邀请临海城内教堂的两名英国修女到医院任翻译，还特请上海名厨做西餐给伤员们吃。不久，因浙东战事吃紧，日寇到处搜查受伤美军飞行员，为了保护美军伤员，时设在永康方岩的浙江省政府电示："将伤员转送重庆疗养。"并指派陈慎言负责护送。

此事发生在 1942 年，跨越 70 多年，至今仍被传颂。美国政府为表示对陈家和恩泽医局的感谢，于二战胜利前夕专门邀请陈慎言赴美深造医学，其间还受到时任副总统杜鲁门的接见。另外，二战早期经典作品《东京上空三十秒》讲述了当年盟军空袭日本东京的历史，其中就有飞机迫降三门湾、当地守军渔民抢救、恩泽医院施术护理、临海各界人士欢送的片段。

"你救了我的命，医生。"

"我希望有一天你还能回来。"

电影中这段对白描述了美国飞行员劳逊向临海恩泽医局的陈慎言表示感谢的场景。

1992 年 3 月 13 日，在抗战时曾救护过美国杜立特尔航空队队员的陈慎言等人，受邀前往美国参加"杜立特尔行动"50 周年纪念活动，并受到了美国国防部长切尼的会见。时任美国总统乔治·布什写信给反法西斯战争中救护美军飞行员的陈慎言等中国人民表示尊敬和感谢。2012 年，杜立特尔轰炸东京 70 周年纪念活动召开，七号机组老兵大卫·撒切尔中士讲述了事发当天的情形："……我们没油了，引擎熄了，迫降在了海里。我们从水里爬上岸，很快被当地的渔民发现，后来又来了几位游击队员，他们用轿子把我们抬到了镇上。在那里遇到了一个中国医生陈（陈慎言），因为劳逊腿伤很重，陈将我们送到临海……"2015 年 10 月，习近平主席访美，时任美国总统奥巴马在欢迎酒会上致词提到二战中中国村民营救美国飞行员的历史。可见，这一段故事一直被人所铭记。

时光变迁，医局一度曾年久失修。2001 年，时任台州医院院长的陈海啸关注到医局保护问题，向台州市政府提交了文保修复的申请报告，迁移原入住人员并展开抢救性修复。在邀请相关专家论证、确定台州公立医院与这座百年建筑承传关系的基础上，他向台州市政府提交了《关于台州恩泽医局建筑进行保护性修复》的报告。随后，台州市政府颁发专题纪要，表明医局"集纪念、景观、教育于一体，修复和保护十分必要"，启动了抢救性修复，最终基本恢复医局的历史原貌。2011年9月27日，恩泽医局成为"临海市重点文物保护单位"，并于2017年1月13日公布为"浙江省文物保护单位"、2019年10月公布为"全国重点文物保护单位"，同时列为浙江省健康文化宣传基地、台州市爱国主义教育基地、临海市爱国主义教育基地。

从西方医者远道而来的奉献之心，到陈省几举债办院的大爱之举，再到炮火中弥摧弥坚的医疗救助……长达百余年的时空中，恩泽医局展现了数代医者"仁心仁术、济众博施"的慈悲情怀，见证了重大国际援助历史事件，为我们留下了宝贵的物质和文化遗产。

一、要素分解

（一）物质要素

1. 古朴典雅的西医建筑

恩泽医局为典型的清代西式医院建筑，建筑体保存状况良好。院内大树华盖，主楼中刻"恩泽医局"，三面环廊，两廊桥之间为三间木阁楼，西南角为教堂式砖木楼。步入其间，诊疗室、手术室等摆置如旧。教学楼一楼保存一个原始的砖砌水净化装置，院内仍存 4 眼水井，可以复原医院工作和生活的模式，文物的原真性和完整性强。作为清末英国圣公会在浙江教区开办的医院中保护最好的一座，恩泽医局有着较高的建筑艺术和科学价值。

2. 史料丰富的院史馆

恩泽医局既完整保存着中国罕见的清朝西医院的旧貌，也拥有大量老照片和第一手史料，为来访者复原百年往事。目前医局内收藏了与其历史相关且保存完好的书法作品 100 多幅，其中《好鸟歌》《索债》《扶善举》等作品记录了当年办院的艰难历程和办院理念。

2011 年 11 月，恩泽医局作为"恩泽院史馆"使用，对外开放。目前，恩泽医局院史馆内设 16 个展厅，1 号展厅陈列原始资料，2 号展厅介绍白明登生平，3 号展厅介绍陈省几生平，4号展厅介绍恩泽建筑史，5号展厅复原陈列手术室，6号展厅为抗战纪念室，7号展厅复原为恩泽医局接受医治的美军飞行员劳逊病室，8号展厅介绍美军飞行员撒切尔在恩泽医局的治疗生活情况，9号展厅为"恩泽脊梁"专题展览，10号展厅为"恩泽医事"专题展览，11号展厅展示了教学楼一楼的原始水净化装置，12号展厅复原了药房，13号展厅为候诊厅，14号展厅为门诊室，15号展厅展示了战后援华救济物资包装箱，16号展厅为恩泽医局礼拜堂。

此外，医局现保存有伤员劳逊病室及美国总统乔治布什感谢信等资料，见证了中美人民在反法西斯战争中的伟大友谊。

（二）精神要素

1. 追求世界和平、民族解放的爱国主义精神

1942年4月18日，美国杜立特尔行动首次轰炸日本东京，完成任务后其七号机组坠机三门南田，机上4名美军飞行员受伤，于20日被送至恩泽医院抢救。5月1日，机长泰德·威廉·罗森（TedW.Lawson）（恩泽医局院史资料译为劳逊）因在腿伤势恶化，在恩泽医院成功实施左下肢截肢手术。5月18日，恩泽医局受省政府令，转移受伤美军飞行员，陈慎言医生护送伤员至桂林转机回美国。美军飞行员在恩泽医院接受救治、护理、转送，是世界反法西斯战争和我国抗日战争的重要历史片段。

2. 慷慨相助的中美跨国友谊

中国村民营救美国飞行员，让中美两国人民结下了兄弟般的情谊。恩泽医局不但保留当时救治行动的资料和部分实物，还保留了当时的手术室、病房，成为世界反法西斯战争胜利及中美友谊的重要纪念地。

3. "恩泽乡邻，济世救贫"的责任感

随着1914年一战爆发，外国传教士医护人员的撤离使得恩泽医院医务陷入停顿。彼时的年轻医生陈省几虽收入仅够温饱，但坚定地为家乡重振医务、为民众除病造福。他四处奔走借贷，以两万元的巨额代价保下恩泽医局。其后九年，陈省几节衣缩食，惨淡经营，至民国二十九年（1940），才还毕最后一笔钱。行医办院期间，陈省几对穷困病患常无偿予医予药，

甚至早早就立下遗嘱要将恩泽医院无偿捐赠，并言明"其永为台州地方贫苦病人医病之所"。陈省几一生竭尽全力，施桑梓予恩泽，深受台州百姓之感念，他出殡那日，为其送行的人竟长达数里。陈省几的一生，从毅然辞职、举债办院、救济贫民到捐院于民，无不体现了他"恩泽乡邻，济世救贫"的责任感与大爱、无我精神，为后世留下了一笔至为宝贵的精神财富。

4. 对患者一视同仁的医者情怀

在日常工作、生活中，每当遇到病人，陈省几不分贫富贵贱或身份高低，皆以仁德之心待之，尤其对于穷困的底层百姓他常常施以援手，予医予药。土地革命时期，陈省几冒着风险，秘密收治红军伤员。1944 年，台州爆发霍乱，陈省几在台州城关设临时医院并亲兼院长。其间，他还施药灭疫，亲力亲为，挽救了不少乡亲的生命。陈省几曾在街上遇一眼瞎的老年乞丐（患白内障致瞎），其蓬头垢面，衣衫褴褛，一副落魄之相。然而，陈省几无丝毫嫌弃，将之扶至墙隅，为他的眼睛仔细诊断，并允诺为他做手术。令人遗憾的是，此后不多日，未待诺言兑现，陈省几因中风而猝然离世。

（三）制度要素

"既可治病，亦可养心"的办院宗旨

恩泽医局建筑主体采用了蛎灰貂拱门、楼梯处翔云图案、悬壶济世灰雕飞檐、梅兰浮雕、人性化的八字门设计。建筑内的玻璃都用牡蛎灰浇得严丝合缝，转角窗让阳光填充每个角落，木制百叶窗以不同角度传达光线，手工锻打的插销结实耐用、欧式的拱券门上塑中西结合图案。精致的建筑设计和结实耐用的建筑工艺，既体现了中西文化的结合，又显示出人性化设计。加之医院风景秀丽、温暖湿润的环境，病人来到这里"既可治病，亦可养心"，体现出医院开创者们的卓越智慧和济世情怀。

（四）语言和象征符号

典型的西式医院建筑风格

恩泽医局为典型的清朝西式医院建筑，由养病院、清气院、风月居、学生寝室及台门等系列建筑构成。养病院平面为"凸"字形，八间二层带阁楼，砖木结构，通面宽 35.8 米，通进深 13.5 米，建筑面积约为 464 平方米。一层廊地面为石板面，室内地面、

二层楼面均为木地板。一层、二层均设吊顶，屋面为小青瓦、歇山顶，并设老虎窗。建筑中间为大门所在、大门上方设一教堂式石质匾额，刻"恩泽医局"四字。东西两侧均设楼梯，三面环廊，二楼设木栏杆。廊柱为木柱，柱下为石作圆鼓式柱础。门窗为西式风格，均采用木作，分内外两层，外层为木作百叶（可上下起合），内层为玻璃木窗。窗上不设过梁，采用砖拱券做法。下部采用廊柱、砖墙结合承重，上部采用三角人字架承载屋面。

养病院西侧由后廊连接教学楼，后廊二层三间，木结构，廊长9.1米，宽1.40米，建筑面积约为33平方米。一层为石板地面，二层为木楼板面，两边设木栏杆，两头设楼梯。廊柱为木柱，柱下为石作圆鼓式柱础。木架为传统的地方作法，小青瓦双坡屋面。

教学楼平面为长方形，三间二层，砖木结构，通面宽14.04米，通进深5.6米，建筑面积约为138平方米。一层为石板面，二层为木地板面，一层二层均设吊顶硬山顶，屋面为小青瓦双坡屋面。一层前面设廊，廊上设披檐。廊柱为木柱，柱下为石作四方式柱础。木架为传统的地方作法。一层保留了

一个砖砌的原始水净化装置。

教学楼南由前廊连接清气院，前廊为二层架空廊，木结构，廊长4.4米，宽1.60米，建筑面积约为16.5平方米。一层为石板地面，二层为木楼板面，两边设木栏杆，两头设楼梯。木架为传统的地方作法，小青瓦双坡屋面。

清气院平面方正，五间二层，砖木结构，通面宽18.2米，通进深12.1米，建筑面积约为856平方米。一层廊地面为石板，一层室内地面、二层楼面和阁楼全为木地板，一层二层均设吊顶，屋面为小青瓦屋面、歇山顶。自正间大门进入，穿过罗马式灰塑拱券门，从楼梯上可到二层。二层东、南、西三面设廊，木栏杆围护。廊柱为木作，柱下为石作圆鼓式柱础。门窗具有西式风格，均采用木作，分内外两层，外层为木作百叶（可上下起合），内层为玻璃木窗。窗上不设过梁，采用砖拱券做法。下部采用廊柱、砖墙结合承重，上部采用三角人字架承载屋面。现存的四眼水井分别位于养病院正门道路中段西侧、养病院南与教学楼东夹角北侧、养病院西与教学楼北夹角东侧、养病院东端北侧。

二、核心基因提取与评价

基于对材料的全面、深入分析，可将本文化元素的核心基因表述为"追求世界和平、民族解放的爱国主义精神""慷慨相助的中美跨国友谊""'恩泽乡邻，济世救贫'的责任感""对患者一视同仁的医者情怀"。

恩泽医局核心文化基因评价依据

评价项目	评价因子	评价依据（特点）	是否
生命力评价	文化基因存续的时间	自出现起延续至今，未曾明显中断	√
		自出现起延续至今，但多次衰微、中断后复兴	
		曾明显衰败，改革开放后开始复兴或历史溯源关键环节缺失，难以考证	
		文化形态主体已灭失，现存部分痕迹	
	文化基因的稳定性	在发展过程中保持相当稳定的状态	√
		在发展过程中存在明显的精神内涵、表现形式剧变	
凝聚力评价	文化基因的凝聚力及社会动员效果	曾广泛凝聚起区域群体的力量，显著推动过社会经济文化的发展	√
		曾部分凝聚起区域群体力量，对社会经济文化的发展产生过影响	
		凝聚过力量，创造过实际的发展动能，但未见对社会经济文化发展产生显著改变	
		仅在历史文献或口耳相传中存在，未见实际介入社会经济发展	

评价项目	评价因子	评价依据（特点）	是否
影响力评价	辐射的范围	具有全国性、世界性的影响力	√
		具有长三角区域、浙江省影响力	
		具有市县、乡镇影响力	
	提炼的高度	已经被古代文人士大夫和当代学者提炼为精神符号和理念理论	√
		单纯的样式、造型、工艺技术规范	
发展力评价	与当代精神追求和价值观念的契合	传统文化基因得到创造性转化、创新性发展；区域革命文化基因被完整继承、广泛弘扬；区域社会主义先进文化基因成为与浙江"三个地"相适应的文化高地	√
		部分转化、部分弘扬、部分发展	
		难以转化、难以弘扬、难以发展	

说明：基因特点评价是对解码出来的基因，根据本《导则》表2的要求，围绕"四个力"逐一对表打"√"，进行定性表述

（一）生命力评价

恩泽医局由英国传教士兼医生白明登创建于清光绪二十七年（1901），为临海早期西式医院的代表性建筑之一，也是台州西医的发祥之地，其影响力一直延续至今。1942年美国飞行员机组迫降台州的故事亦流传至今。因此，作为恩泽医局的核心基因，"慷慨相助的中美跨国友谊""'恩泽乡邻，济世救贫'的责任感""对患者一视同仁的医者情怀""追求世界和平、民族解放的爱国主义精神"延续至今未曾中断，且保持了较为稳定的状态。

（二）凝聚力评价

恩泽医局是台州西医的发祥地，自1901年创建以来一直

发挥着医疗救治、教学研究等多重功能，极大地推动了台州医学事业的发展。同时，1942年的美国飞行员救援行动是世界反法西斯战争和我国抗日战争的重要历史片段，促进了中美友谊，凝聚了世界反法西斯力量。因此"慷慨相助的中美跨国友谊""'恩泽乡邻，济世救贫'的责任感""对患者一视同仁的医者情怀""追求世界和平、民族解放的爱国主义精神"曾广泛凝聚起起区域群体的力量，显著推动过社会经济文化的发展。

（三）影响力评价

恩泽医局是台州地区西医医学事业、西医教学事业的开拓者和引领者，还是见证了抗日战争、世界反法西斯战争的近现代重要史迹，近年来在中美领导人会晤、民间社团交流中多次成为重要话题，其影响力可见一斑。因此，恩泽医局的核心基因"慷慨相助的中美跨国友谊""'恩泽乡邻，济世救贫'的责任感""对患者一视同仁的医者情怀""追求世界和平、民族解放的爱国主义精神"作为一种精神符号，具有世界性的影响力。

（四）发展力评价

如上所述，自古至今，恩泽医局在西医医学事业、教学事业、世界反法西斯战争、中美友谊交流等多个领域具有重要价值和影响力。在恩泽医局接受救治的机长劳逊出版了回忆录《东京上空三十秒》，讲述了他亲历秘密轰炸东京的经历，以此为蓝本的影片获得第17届奥斯卡金像奖最佳特效奖，黑白片最佳摄影提名。恩泽医局院史馆开馆以来，成为追忆抗战历史的重要遗迹，每年接待大量中外学者、游客及媒体，更是创办人、受救治的杜立特尔飞行员、救治行动参与者后人的必到之处，2015年7月，恩泽医局成为台州市爱国主义教育基地，是社会精神传承与发展的重要载体。因此，"慷慨相助的中美跨国友谊""'恩泽乡邻，济世救贫'的责任感""对患者一视同仁的医者情怀""追求世界和平、民族解放的爱国主义精神"在新时代具有完整继承、广泛弘扬的巨大发展力。

三、核心基因保存

　　"慷慨相助的中美跨国友谊""'恩泽乡邻，济世救贫'的责任感""对患者一视同仁的医者情怀""追求世界和平、民族解放的爱国主义精神"是恩泽医局的核心基因，其资料保存如下：文字资料《恩泽医局》《恩泽医局简介》《台州医局》3项文字资料保存于临海市文化基因解码调查组资料库，另外，出版物和民间文学作品有《恩泽医院记》《好鸟歌》《索债》《扶善举》；《恩泽医局全景》《养病院》《清气院、教学楼》等21项图片资料保存于临海市文化基因解码调查组资料库；《恩泽医局旧址》视频资料保存于临海市文化基因解码调查组资料库；实物材料恩泽医局位于临海城关，由养病院、清气院、风月居、学生寝室及台门等系列建筑构成。

金书铁券

台州府城　临海文化基因

金 书 铁 券

中国国家博物馆所藏的金书铁券，是唐昭宗李晔于乾宁四年（897）八月四日赐给吴越王钱镠（852—932）的。钱镠年轻时以贩私盐为生，后入伍参军，因作战勇敢而成为将领，战功赫赫。

唐昭宗乾宁四年（897），钱镠被封为镇海、镇东两镇节度使，并受赐铁券。券上刻有唐昭宗的诏书，共333字，全部用黄金镶嵌。诏文主要褒奖钱镠，称赞他削平自称罗平国王的威胜军节度使董昌。钱镠本来是董昌麾下一员骁将，董昌僭号称帝，封钱为两浙都将，钱并没有接受董昌的"伪命"，而是反戈一击擒董昌献给朝廷。

钱镠的这一举措使昭宗十分高兴，他在铁券上宣誓保证：长河有似带之期，泰华有如拳之日；惟我念功之旨，永将延祚子孙，使卿永袭宠荣，克保富贵。卿恕九死，子孙三死，或犯常刑，有司不得加责。承我信誓，往惟钦哉。宜付史馆，颁示天下。

据传，钱镠接受这个铁券时，感激涕零，并以此教导自己的子孙谨言慎行，以报皇恩。不久，唐朝灭亡，钱镠自己建立了吴越国，铁券即被供于祖庙。其后，赵匡胤平定割据政权，建立了北宋，钱镠之孙钱弘俶归宋，诏于开封居住，铁券仍留在杭州钱氏祖庙。

北宋末年，金兵入寇，钱氏举家携券南迁。到南宋绍兴年间，钱氏后人携铁券"落籍"临海。德祐元年（1275），元兵攻破临海，钱氏家人带上铁券南逃，途中铁券落入黄岩泽库。时隔56年之后，铁券被渔人在黄岩泽库（今温岭泽国）地方撒网打渔时捞出。渔人以斧斫验，见内只是一块黑铁，觉得没有什么用处，便将其丢在屋子的角落里，后被渔夫的邻居购得。有人将这一消息报告给钱氏十四世孙钱世珪。钱世珪于是花十斛

谷子换回这块铁券，这一宝物总算重回到钱氏手中。可惜的是，因浸水太久，嵌在后半段的金字大多都剥落。

朱元璋建立大明帝国后，为仿效古代帝皇表彰开国功臣的殊勋，命礼部官员拟订铁券的形制。可是，礼部官员们谁也没有见过铁券的样子，束手无策。这时，有人向朱元璋提及"钱氏铁券"。朱元璋立即下旨，令钱氏后人将铁券送至京师。朱元璋观赏后，命礼部用木头照样雕一模子，留做格式，以备制作，然后仍将铁券交钱氏带回临海，世代宝藏。

明清易代的时候，台州战乱不断，为确保铁券的安全，钱氏第二十五世孙钱珍背着匣子躲进深山。康熙年间又转藏于第二十七世孙钱日耀家。乾隆二十七年（1762），乾隆南巡，这位风流倜傥的皇帝也想一睹这稀世古物。于是，钱氏后人将铁券送到常州呈乾隆观赏。

中华人民共和国成立后，钱氏后裔将此券献给国家，当时由浙江省文物管理委员会保管。1959年浙江省文物管理委员会又将此铁券移交给中国历史博物馆（今中国国家博物馆）收藏。

一、要素分解

（一）物质要素

铁质嵌金的瓦状铁券

金书铁券形状呈覆瓦状，铁质，纵 29.8 厘米，横 52 厘米，厚 2.14 厘米，重约 132 两。铁券上嵌楷书金字 333 个，正面刻有铭文 25 行、落款行，共计有 26 行文字。其中每行 14 个字的有 23 行，3 个字的有 1 行，还有 1 行 8 个字，所以铭文正文共计有 333 字，末行落款为 17 个字。券文为：

"维乾宁四年，岁次丁巳，八月甲辰朔四日丁未，皇帝若曰：咨尔镇海镇东等军节度、浙江东西等道观察、处置营田招讨等使兼两浙盐铁制置发运等使，开府仪同三司检校太尉，兼中书令，使持节润越等州诸军事兼润越等州刺史，上柱国彭城郡王食邑五千户，食实封一百户钱镠，朕闻铭邓骘之勋，言垂汉典；载孔悝之德，事美鲁经。则知襄德策勋，古今一致。顷者董昌僭伪，为昏镜水，狂谋恶贯，渫染齐人。而尔披攘凶渠，荡定江表，忠以卫社稷，惠以福生灵。其机也氛祲清，其化也疲羸泰。拯於粤於涂炭之上，师无私焉；保馀杭成金汤之固，政有经矣。志奖王室，绩冠侯藩，溢於旂常，流在丹素。虽锤繇刊五熟之釜，窦宪勒燕然之山，未足显功，抑有异数。是用锡其金版，申以誓辞。长河有似带之期，泰华有如拳之日，惟我念功之旨，永将延祚子孙，使卿长袭宠荣，克保富贵。卿恕九死，子孙三死，或犯常刑，有司不得加责。承我信誓，往惟钦哉！宜付史馆，颁示天下。"

（二）精神要素

1.民族一统、休兵养民的愿望

唐昭宗时期，钱镠平董昌叛乱；五代十国时期，钱镠保境安民、休兵息民，使"钱塘富庶盛于东南"；宋太平兴国时期，钱镠之孙钱弘俶采取和平手段"纳土归宋"。从唐末至宋初，吴越地区局势平稳，社会安定，获得了较长的稳定发展时期。钱镠及其后人为民族统一、百姓安居乐业做出了不可磨灭的贡献。

2.积极珍视、保护文物的观念

清光绪辛丑年（1901），珍藏在岭外钱村的铁券不翼而飞，自此结束了铁券在临海长达767年的保存历史。盗窃者将铁券带到嵊县兜售，江苏常熟徐君出洋四百元购去。钱氏后人闻之与徐力争，并召集嵊县长乐乡钱氏族人以原价购回。从此铁券由长乐乡

钱氏三房轮流保管。1938年全面抗战爆发后，嵊州长乐乡被日军占领。钱氏族人为了防止铁券遗失，他们决定将把"钱缪铁券"藏在钱赓麟家的深井里。钱赓麟夫妇俩为此忙碌了一番，他们先是给铁券涂上油，然后封蜡，再将铁券用棉线缠好，外面封上蜡。他们生怕铁券浮上来，又绑上铜钱再投入井里。就这样，"钱缪铁券"在井里存放了七年。直到1945年11月，钱赓麟夫妇才把它拿上来，并把"钱缪铁券"藏到商会会长钱元瑞家中。1949年5月，长乐乡解放，钱氏族人决定由钱元瑞代表他们将"钱铁券"捐献给国家。1951年，"铁券"从钱氏家中取出移送到浙江省文物管理委员会保管。1951年，长乐钱氏后裔将铁券献给人民政府，由浙江省文物管理委员会保管。鉴于其重大的历史文物价值，1959年铁券由中国历史博物馆收藏。铁券被盗、流转、赎回的曲折故事，展现了我国民众对文物保护的重视。

二、核心基因提取与评价

基于对材料的全面、深入分析，可将本文化元素的核心基因表述为"铁质嵌金的瓦状铁券""民族一统、休兵养民的愿望""积极珍视、保护文物的观念"。

金书铁券核心文化基因评价依据

评价项目	评价因子	评价依据（特点）	是否
生命力评价	文化基因存续的时间	自出现起延续至今，未曾明显中断	√
		自出现起延续至今，但多次衰微、中断后复兴	
		曾明显衰败，改革开放后开始复兴或历史溯源关键环节缺失，难以考证	
		文化形态主体已灭失，现存部分痕迹	
	文化基因的稳定性	在发展过程中保持相当稳定的状态	√
		在发展过程中存在明显的精神内涵、表现形式剧变	
凝聚力评价	文化基因的凝聚力及社会动员效果	曾广泛凝聚起区域群体的力量，显著推动过社会经济文化的发展	√
		曾部分凝聚起区域群体力量，对社会经济文化的发展产生过影响	√
		凝聚过力量，创造过实际的发展动能，但未见对社会经济文化发展产生显著改变	
		仅在历史文献或口耳相传中存在，未见实际介入社会经济发展	

续表

评价项目	评价因子	评价依据（特点）	是否
影响力评价	辐射的范围	具有全国性、世界性的影响力	√
		具有长三角区域、浙江省影响力	
		具有市县、乡镇影响力	
	提炼的高度	已经被古代文人士大夫和当代学者提炼为精神符号和理念理论	
		单纯的样式、造型、工艺技术规范	√
发展力评价	与当代精神追求和价值观念的契合	传统文化基因得到创造性转化、创新性发展；区域革命文化基因被完整继承、广泛弘扬；区域社会主义先进文化基因成为与浙江"三个地"相适应的文化高地	√
		部分转化、部分弘扬、部分发展	
		难以转化、难以弘扬、难以发展	
说明：基因特点评价是对解码出来的基因，根据本《导则》表2的要求，围绕"四个力"逐一对表打"√"，进行定性表述			

（一）生命力评价

金书铁券制作于唐昭宗乾宁四年（897）八月，是唐昭宗赐给五代十国时吴越国建立者钱镠的，历经千年依然留存。因此，其核心基因"丰富的铁券文字内容""民族一统、休兵养民的愿望""积极珍视、保护文物的观念"也因铁券的完善保存而得以传承发扬，在发展过程中保持相当稳定的状态。

（二）凝聚力评价

金书铁券系唐昭宗为犒赏钱镠平定董昌叛唐所赐，它见证了唐末五代时期国家社会的重要变革，展现了钱氏后人心中民族一统、休兵养民的愿望，以及钱氏后人为了保护文物而付出的努力。因此，"丰富的铁券文字内容""民族一统、休兵养民的愿望""积极珍视、保护文物的观念"核心基因在社会文化的传承和发展中发挥了巨大的作用。

（三）影响力评价

宋、明、清历代帝王都曾借阅金书铁券观赏。如今，作为唐代唯一留存的"免死金牌"，它对唐史、五代史的研究具有重要意义，在国内享有盛誉。因此，其核心基因"丰富的铁券文字内容""民族一统、休兵养民的愿望""积极珍视、保护文物的观念"具有全国性的影响力。

（四）发展力评价

金书铁券是中国现存于世的最早铁券实物，一千多年来历经战乱，一直由钱镠后裔收藏保存。1951年，浙江嵊州市长乐镇钱氏后裔将铁券献给人民政府，由浙江省文物管理委员会保管。鉴于铁券的重大历史文物价值，1959年起由中国历史博物馆收藏，此后一直在中国历史博物馆中国通史部公开展出。作为核心基因，"丰富的铁券文字内容""民族一统、休兵养民的愿望""积极珍视、保护文物的观念"不断转化、传播、弘扬，具有巨大的发展潜力。

三、核心基因保存

"丰富的铁券文字内容""民族一统、休兵养民的愿望""积极珍视、保护文物的观念"作为金书铁券的核心基因，相关资料保存状况如下：

《金书铁券》《钱氏铁券》等3项文字资料保存于临海市文化基因解码调查组资料库。另外，出版物和古文古籍有《历史文化名城——临海》《临海志料稿本》《台州金石志》《台临钱氏宗谱》《临海文物志》。

《金书铁券》等21项图片资料保存于临海市文化基因解码调查组资料库。

《金书铁券》等视频资料保存于临海市文化基因解码调查组资料库。

实物材料金书铁券保存于国家博物馆。

祭孔大典、台州府文庙

台州府城 临海文化基因

祭孔大典、台州府文庙

　　台州府文庙是古代台州儒家文化传承的载体，也是台州州学之所在。文庙始建年月不详，景祐二年（1035），郡守范说将其迁至城区的东北角。宝元二年（1039），郡守李防又将其回迁至州治东南侧，并将州学并入。从此庙学合一，文庙既是当地民众祭孔朝圣的殿堂，又是台州学子读书求学的中心。

　　北宋时期的庙学占地三十多亩，房屋达五十余间。府学在东，文庙在西，以"礼门义路"为界，设东西两个入口，分别题额"腾蛟"与"起凤"。府学有大门，门槛特别高，上有"门当"，外有"户对"。文庙竖立三门四柱的"金声玉振"石牌坊。石牌坊内，有半月形的东泮池与西泮池，两池互通，各架石拱桥，合称"双玉带"。

文庙正门称棂星门，古代传说棂星为天上文魁星，以棂星命名，寓"人才辈出，为国所用"之意。棂星门东为名宦祠，旧时祀历代台州太守54人，为首的是北宋山西大同人毕士安，他整肃官府奢侈之风，减轻赋税，深得百姓拥戴，真宗时晋升为宰相。另外，名宦祠还选介了历史上有功于台州的仕宦郑虔、陈襄、章得象、钱暄、元绛、赵汝愚、尤袤、沈作宾、徐子寅、黄㽦、叶棠、赵景纬、周旭鉴、周志伟、谭纶、戚继光、刘璈等人的行迹。

棂星门西为乡贤祠，祀台州籍名士85人，为首的是北宋宁海（今属三门）人罗适，他任浙东提刑时，督修黄岩官河90里，始创内河分段筑堤建闸之法。另外，乡贤祠还介绍了陈公辅、陈良翰、吴芾、鹿何、陈耆卿、王居安、杜范、叶萝鼎、陶凯、方孝孺、范理、王宗沐、陈选、蔡潮、王士性、王士琦、陈函辉、齐召南等乡贤的事迹。

大成殿为文庙主体建筑，唐代称文宣王殿。北宋徽宗尊儒崇孔，以殿内"集古圣贤之大成"更其名为大成殿，并御书匾额。大殿内有缩微神龛，俗称"屋里屋"，供孔子脱胎塑像，两旁为"四配"（颜子、曾子、子思、孟子）、"十二哲"（闵损、冉雍、端木赐、仲由、卜商、有若、冉耕、言偃、宰予、冉求、颛孙师、朱熹）。大殿顶上高悬清代八位皇帝御书匾额，分别为康熙书"万世师表"、雍正书"生民未有"、乾隆书"与天地参"、嘉庆书"圣集大成"、道光书"圣协时中"、咸丰书"德齐覆帱"、同治书"圣神天纵"、光绪书"斯文在兹"，书法都是一丝不苟的楷书，但风采各异。殿前有拜坛和杏坛，镶嵌蟠龙石雕图案,构建亭阁，以纪念孔门师徒"游乎缁帷之林，休坐乎杏坛之上，弟子读书，孔子弦歌鼓琴"之意，坛的两旁植杏树。

文庙历经屡次大修。北宋皇祐年间，郡守吕士宗就曾"毁旧图新"，而且还"倍隆前制"。南宋绍兴年间，太守黄章亦曾"革故而鼎新之"。淳熙间知台州事唐仲友又"葺大成殿"，"修庑论堂、书阁"。到了元代，台州路总管朱齐感旧学为兵火所毁，为之复建。降及清康熙年间，台州知府张联元为之进行过一次历时五年多的大修。以后在同治六年（1867）亦曾进行过修缮。由于各种原因，州文庙在20世纪50—60年代渐渐毁圮，仅保留大成殿。

2003年临海市人民政府对台州府文庙进行了大规模修复，并于每年孔子诞辰日（9月28日）举办祭孔大典。祭孔大典是华夏民族为尊崇和怀念至圣先师孔子及历代儒家先贤、重视教育文化传承而举行的盛大典礼仪式，目前台州府的祭孔大典仪式遵循清朝礼制。

大典于孔子诞辰当天上午举行。开幕仪式始于三击鼓，鼓后文庙大成门的中央大门开启，身穿华夏服装的祭祀礼仪队伍徐徐入场，向儒家先贤们行礼鞠躬。随后举行献供仪式，献盘分主祭盘、主供盘、七十二贤儒盘、五子登科盘、四方大利盘、状元及第莲花灯等。献供后的仪程为秉烛献敬、致祭祠、三跪九叩首大礼祭拜、社会人士祭拜等，其间夹入国学经典诵读、古典乐舞、大同诵合唱等，以示"国泰民安，天下大同"。整个祭祀仪式既有传统特色又融入了当代气息。

台州府城祭孔大典，对尊师重教、激扬民族精神、推进道德建设具有重要促进作用。2016年，经中国孔子基金会核定后，台州府文庙成立了台州唯一一所"孔子学堂"。该学堂是全国27家、省内2家孔子学堂之一。孔子学堂设于文庙大成殿后方，堂中挂孔夫子像，以蒲团作"课桌"，还原孔子讲学时的场景。目前，台州府文庙已被列入浙江省、台州市以及临海市爱国主义教育基地。2017年1月，台州府文庙大成殿被公布为浙江省文物保护单位。

一、要素分解

（一）物质要素

　　庄严肃穆的大成殿。大成殿是台州府文庙的主殿，也是全庙最高的礼制建筑，用于奉祀春秋后期伟大的思想家、教育家、儒家的创始人孔子。现在的大成殿系清康熙五十一年（1712）台州知府张联元修建，历时六年落成。民国元年（1912），庙内设立私立回浦中学，孔庙祭祀的功能逐渐消退。1949年以后，孔庙除大成殿及西厢房外，其他建筑均拆建为台州行署职工宿舍。2001年，临海市人民政府开始对大成殿进行抢救性维修，同时对孔庙进行落架大修，新建孔庙附属建筑。

　　现在的大成殿占地面积458.8平方米，平面呈正方形，五开间，重檐歇山顶。大殿通面阔和通进深均为21.3米，通高18.48米，其中明间宽6.7米，次间宽4.5米，梢间宽2.3米。殿内梁架为抬梁式，每缝六柱，总计三十六柱。金柱柱径为51厘米，比一般柱略粗，柱础高60厘米、径81厘米。大殿木作雕刻工艺精细，殿内局部绘有彩画。

（二）精神要素

1.尊师重教的民族传统

　　唐朝时，唐玄宗封孔子为文宣王。大成殿内正中供孔子塑像,位于缩微神龛内。孔子像两旁为"四配""十二哲"塑像,各居于龛内。"四配"是颜回、孔伋(子思)、曾参、孟轲,"十二哲"是闵损(子骞)、冉雍(仲弓)、端木赐(子贡)、仲由(子路)、卜商(子夏)、有若(子若)、冉耕(伯牛)、宰予(子我)、冉求(子有)、言偃(子游)、颛孙师(子张)、朱熹(元晦),他们身着九章服,头戴九晃疏,为王侯之制。殿内横梁上高悬着清朝不同时期不同风格的8位皇帝御书,有康熙书写的"万世师表"、雍正书写的"生民未有"、乾隆书写的"与天地参"、嘉庆书写的"圣集大成"、道光书写的"时中立极"、咸丰书写的"德齐帱载"、光绪书写的"斯文在兹"。民间的敬仰、皇帝的尊重,体现了华夏民族自古以来尊师重教的传统。

2. 贤能清正的士人品格

台州府文庙东面的名宦祠供奉着自晋代以来能力卓著,清明廉洁的历代台州太守遗像54人。首位是北宋台州太守毕士安,他严格整治官府奢侈之风,减轻台州百姓的赋税,深受台州人民的拥护和爱戴,在名宦祠得到了供奉,以示后人学习。西面为乡贤祠,专供奉为家乡做过好事、造福乡里的台州乡贤名士,供奉从吴国尚书仆射屈晃至明末陈函辉等名士85人。比如浙江提刑罗适,为督修黄岩官河90里,始创内河分段筑堤建闸,减少了黄岩水灾。文庙以此他们为学习榜样,鼓舞地方民众和莘莘学子,以贤能、清正为个人品格追求。

3. 守礼谦让的礼仪精神

祭孔舞蹈的动作主要包括"受、授、谦、辞、让、拜、顿首、跪"等十个动作。授与受是相对的,屈伸向下即为"授",膝至地为"跪",平手齐心是"揖",拱手向左右为"让"等。这些动作来自于现实生活与礼仪,传达了中国传统的礼仪精神。祭孔舞蹈中的跪、顿首拜的动作,沿承了"礼"要求的动作规范,开始时行拜礼,结束时为跪、顿首,主要表现对逝者的崇拜之意,肯定孔子在思想界的重要地位,体现出守礼谦让的礼仪精神。

(三)制度要素

1. "西庙东学"的建筑布局

台州府文庙位于临海的西城区,是一处红墙黑瓦、宏伟壮丽的建筑群。明清时期,台州府文庙府学规模有所扩大,布局为"西庙东学"。西庙有棂星门、泮池、大成门、大成殿、崇圣寺等，东学有明伦堂、尊经阁等。

2. 古朴典雅的祭孔乐舞

祭孔乐舞是孔子后裔、历代中央和地方举行祭孔大典时的专用乐舞。祭孔乐舞包括"宫悬之乐""八佾之舞""轩悬之乐""六佾之舞"及"登歌"等。整个乐舞由歌生、舞生和乐生三大部分组成，还有指挥作乐、起舞的麾生、旌生等。其中，仅以"轩悬之乐"和"六佾之舞"的规模而言，外加导引乐十余人，可达百余人。若用"宫悬之乐"和"八佾之舞"的话，则有一百几十人的盛大场面。所用乐器是金、石、丝、竹、革、木、匏、土八类俱全。音乐庄严肃穆，舞姿雍容大方，具有古朴典雅的风格特征。祭孔乐舞按照祭祀仪式程序配制乐章，其演奏成数固定为六章六奏，包括迎神奏《昭平》之章、初献奏《宣平》之章、亚献奏《秩平》之章、终献奏《叙平》之章、撤馔奏《懿平》之章、送神奏《德平》之章。

（四）语言和象征符号

严谨、庄重的祭服样式。台州府祭孔大典对祭祀人员的服饰有严格要求，献官、陪祭者、礼生、执事人员和乐舞生均有既定的祭服样式。献官的祭服上衣是青罗皂缘，长与朝服同，下裳则赤罗皂缘，制与朝服同，且下裳七幅，前三后四，每幅三襞积，被称作上衣下裳制，其结构继承了古代冕服样本。陪祭者的高级礼服、参祭官员的次级礼服，分别裁好上衣和下裙再缝制在一起，最后衣服连成一体的样式。深衣的结构为平面化，其规制为衣部用布四幅，左右相连而成，裳部用十二个半幅相连而成。礼生、执事人员和乐舞生祭孔服饰。他们的服饰为上下通裁的袍，袍在中国古代史上是一种重要的礼服形制，在祭孔服饰中，袍也是应用广泛的祭服，其形制为右衽。

二、核心基因提取与评价

基于对材料的全面、深入分析，可将本文化元素的核心基因表述为"尊师重教的民族传统""贤能清正的士人品格""守礼谦让的礼仪精神"。

祭孔大典—台州府文庙核心文化基因评价依据

评价项目	评价因子	评价依据（特点）	是否
生命力评价	文化基因存续的时间	自出现起延续至今，未曾明显中断	
		自出现起延续至今，但多次衰微、中断后复兴	√
		曾明显衰败，改革开放后开始复兴或历史溯源关键环节缺失，难以考证	
		文化形态主体已灭失，现存部分痕迹	
	文化基因的稳定性	在发展过程中保持相当稳定的状态	√
		在发展过程中存在明显的精神内涵、表现形式剧变	
凝聚力评价	文化基因的凝聚力及社会动员效果	曾广泛凝聚起区域群体的力量，显著推动过社会经济文化的发展	√
		曾部分凝聚起区域群体力量，对社会经济文化的发展产生过影响	
		凝聚过力量，创造过实际的发展动能，但未见对社会经济文化发展产生显著改变	
		仅在历史文献或口耳相传中存在，未见实际介入社会经济发展	

续表

评价项目	评价因子	评价依据（特点）	是否
影响力评价	辐射的范围	具有全国性、世界性的影响力	√
		具有长三角区域、浙江省影响力	
		具有市县、乡镇影响力	
	提炼的高度	已经被古代文人士大夫和当代学者提炼为精神符号和理念理论	√
		单纯的样式、造型、工艺技术规范	
发展力评价	与当代精神追求和价值观念的契合	传统文化基因得到创造性转化、创新性发展；区域革命文化基因被完整继承、广泛弘扬；区域社会主义先进文化基因成为与浙江"三个地"相适应的文化高地	√
		部分转化、部分弘扬、部分发展	
		难以转化、难以弘扬、难以发展	
说明：基因特点评价是对解码出来的基因，根据本《导则》表2的要求，围绕"四个力"逐一对表打"√"，进行定性表述			

（一）生命力评价

台州府文庙是古代台州儒家文化传承主体和台州州学之所在，虽然历经多次损毁，但历代地方政府积极重建，使其呈现于今人面前。同时，自台州府文庙建成以来就有举办祭孔大典的传统，和文庙共同成为台州儒家文化的重要一环，推进了临海的文教旅游事业发展。作为其核心基因，"尊师重教的民族传统""贤能清正的士人品格""守礼谦让的礼仪精神"自出现起延续至今，虽多次衰微、中断，但之后仍能复兴，在发展过程中保持了较为稳定的状态。

（二）凝聚力评价

临海为古台州州治所在地，台州府文庙既是古代台州地区民众祭孔朝圣的殿堂，又是台州学子读书求学的中心，集文化、教育功能为一身。作为台州府文庙、祭孔大典的核心基因，"尊师重教的民族传统""贤能清正的士人品格""守礼谦让的礼仪精神"伴随着教学活动、文化活动得以传播，曾经广泛地凝聚起台州区域以及周边地区群体的力量，显著推动过地区社会经济文化的发展。

（三）影响力评价

台州府文庙作为古代台州地区文化、教育中心，自古以来为地方文化事业、教育事业的发展做出了巨大贡献，而祭孔大典作为重要庆典活动定期开展，加强了文教事业的发展，二者共同在台州以及周边地区形成较强影响力。作为祭孔大典、台州府文庙的核心基因，"尊师重教的民族传统""贤能清正的士人品格""守礼谦让的礼仪精神"亦在台州及周边地区产生较强的影响力。

（四）发展力评价

在历史上，台州府文庙以庙、学为载体，祭孔活动以庆典舞蹈、礼仪活动为载体，共同促进了地方文化教育事业的发展，加强了民族的文化认同感与向心力。作为文庙和祭孔大典的核心基因，"尊师重教的民族传统""贤能清正的士人品格""守礼谦让的礼仪精神"不仅能够团结民族同胞，而且能提高公民的道德文化素质，更是联系传统与现代社会的重要桥梁，具有创造性转化、创新性发展的潜力。

三、核心基因保存

　　"尊师重教的民族传统""贤能清正的士人品格""守礼谦让的礼仪精神"是祭孔大典、台州府文庙的核心基因，其资料保存如下：文字资料《穿越千年，临海文庙再现祭孔大典》《台州府文庙：香火迷蒙中的往事今生》《台州府文庙大成殿》等文字资料保存于临海市，另外，出版物和古文古籍有《重修台州府学碑记》；《台州府文庙之大成殿》《祭祀典礼》等20项图片资料保存于临海市文化基因解码调查组资料库；《祭孔大典》视频保存于临海市文化基因解码调查组资料库；实物材料保存为台州府文庙。

黄沙狮子

台州府城 临海文化基因

黄沙狮子

　　黄沙狮子因起源于黄沙洋（现白水洋）一带而得名，2006年5月被国务院公布为首批国家级非物质文化遗产。与一般舞狮不同，黄沙狮子不光在地上嬉戏翻滚，还要在堆叠4到9层高的八仙桌上表演。表演时，桌子少则十几张，多则四十多张，层层叠加，其势危耸，艺人在上面凌空跳跃、左右翻飞，令人惊叹。因此，当地人又称它为"上桌狮子"。

　　据当地老艺人介绍，北宋年间，临海黄沙洋有个叫杨显枪的拳师，他精通武艺，创办的武馆吸引了众多武术爱好者。为了丰富练武内容，杨显枪独创了"上桌狮子"，他把一般的民间舞狮在平地上舞嬉翻滚、抢球、旋转、跳跃等动作搬到数米高的桌子上。历史上的黄沙狮子上桌最高层数为9层，需要46张八仙桌，高度达到8米多，其高、险、难堪称"三绝"，在我国舞狮史上绝无仅有。

黄沙狮子具有独特的地方文化特征，其活动一般从农历大年三十开始至二月初二结束，舞狮队挨村挨道地去表演，受广大人民群众欢迎。黄沙洋的百姓们祈望风调雨顺、五谷丰登、人财两旺、吉庆平安，都希望舞狮为他们消灾降福，热热闹闹地度过节庆，因此富裕的农户还给狮子送红包以图吉利。旧时，少数农村青年结婚后没有生育的，他们母亲也会请狮子班跳狮子，称做"麒麟送子"。

一个狮子班的人数一般为8—9人，1人舞球、2人舞狮、4至5人敲锣打鼓、1人领班。分工与一般舞狮队相同。由于黄沙洋范围小、狮子班多、名气大，黄沙狮子纷纷走出了黄沙洋，到邻近的各乡镇、各县去表演。

黄沙狮子由音乐、舞狮、武艺三大部分穿插、结合而成。气氛热烈，场面恢宏，惊险精彩，深受人民群众的欢迎。

演奏的乐器由大锣、小锣、叫锣、大钹、皮鼓组成。以民间流传的骨牌锣鼓音乐中的板凳开始，依次为元宝五、蛤蟆、二眼七、三五八、红九的排列来进行。根据表演内容气氛的需要，节奏有快有慢，如在狮子抢球时就敲三五八，在狮子上桌时则用三连九，在顶台表演走桌脚脱鞋穿袜时，为了保持场内安静就只用叫锣一件乐器等等。

表演时，演员在八仙桌上翻飞的同时，还兼耍过堂、桌上筋斗、下爬点、悬桌脚、叠罗汉等"翻桌"动作。"跳桌"是整个表演中难度较高的，四十几张桌子呈梯形相叠，跳桌到最高时，一个"绝"字就落在最高的第九重桌子的四只脚上——桌脚朝天，一个艺人就在这四只桌脚上跨步移动、脱鞋脱袜，尽显绝技。2008年，临海设立了浙江省级非物质文化遗产黄沙狮子传承基地。

一、要素分解

（一）物质要素

1.精工细作的舞狮服饰

舞狮服饰包括狮头、狮被与狮衣，制作材料多、工艺繁杂。狮头一般长38厘米，前宽26厘米，后宽32厘米，高30厘米。狮头框架材料由松木与竹条组成。首先用竹条编制出狮头基本形状，再糊上浆制的多层毛边纸；狮子的上下巴由松木条制成，形状为梯形（上边长26厘米，下边长32厘米，侧边长41厘米），松木条宽3厘米，厚度2厘米。头上有铜铃8个，头顶左右各1个，左右耳旁各3个。传统狮子眼睛由当地毛竹筒制作，在竹筒外缠绕包裹布条，涂黑白颜色为眼珠，现用灯泡替代。头顶一朵大红花，左右分开在耳部处扎成红花为狮耳，双耳向头顶连线为缝制毛发处，毛发向狮头前后顺延铺开，毛发较长，坠于下巴下15厘米左右。

狮被与狮衣。狮被长度210—260厘米，脊背布匹为宽度40厘米的红色布匹，两侧披风为50厘米宽的条纹状花布，脊背下坠麻丝长65—70厘米。制作程序为：首先裁剪宽140厘米、长220—270厘米的条纹状花布一匹，画出中脊线，在中线左右各20厘米处画平行与中线的直线，作为缝麻丝处。麻丝分小缕先用针线固定，然后打结，再沿披风外展，在平行于缝麻丝线8厘米与16厘米处再用针线固定麻丝,确保狮毛贴身固定于狮皮。狮衣分狮头与狮尾,狮衣上的狮毛以麻丝为原材料,再浸染为红、绿色,狮毛长度约35厘米,狮裤缝制四道,上衣也为四道(正面缝制,后背无毛)。狮头扮演者为站立姿势,狮衣为连体衣裤,上下均有狮毛,颜色为台州地区大众喜爱的红、绿两色,狮毛缝制在衣裤上;狮尾扮演者动作主要为屈体塌腰状,显露在外的仅为腿脚,所以狮尾只有裤子缝制狮毛。黄沙狮子狮头身高要求比狮尾高,舞动时狮尾双手抓住狮被两侧,两者之间连成一体。狮头扮演者身材高大,可以更好地展示狮子的威武霸气。

2. 丰富多彩的舞狮种类

舞狮的种类繁多,最为常见的两种分为北狮和南狮,黄沙狮子保留了北方文化中的刚猛彪悍,被当地人称作"上桌狮子",能在堆叠数层的八仙桌上凌空跳跃、翻滚。历史上桌子的最高层数达九层,其高、险、难堪称"三绝"。

(二)精神要素

1. 技艺和胆识兼备的舞狮精神

黄沙狮子吸引观众眼球靠的就是"高、难、险、美",需要表演者在单桌与高塔上完成各种跳跃、倒立等动作,而且在没有任何安全保护措施的情况下完成,既需要表演者的胆识,也需要长期练习。如"腰部插蜡烛",表演时底座者仰身向上,双手反抓握桌脚,双脚踏在另外两个桌脚,大腿与躯干保持水平;倒立者双手按住底座膝盖,头顶其肚子做倒立。"悬桌角",要求表演者逐层双手按住桌角,起跳收腹,旋转90°越过桌角,最后从第九层高台越过直接落地。黄沙狮子高塔高度9层八仙桌,约为三层楼高度,表演者要完成这些动作不仅需要扎实的武功,更需要过人的胆识,要上台表演首先就要克服恐惧、战胜自我。所谓"艺高人胆大",这些动作需要长期练习,逐渐使技术达到炉火纯青之境界,同时通过逐渐增加高度练习的方式来培育战胜高度的恐惧,使其技艺与胆识完美融合于自身,方可登台献技。台州府作为东南沿海军事与经济重镇,历史上多次对外族入侵与封建王朝腐败统治进行过抗争,比如在明朝倭患横行时期,黄沙狮舞艺人们主动要求加入戚家军,凭着过人胆识与高强武艺,痛击倭寇,保卫家园。

2. 密切配合、团结互助的团体精神

黄沙狮子表演套路中，武术、杂技占比较大，所以整个表演需要几十个人共同努力才能完成。比如，棍术对练需要两个人长期配合练习，方能体现出棍术攻防动作之美；地面舞狮表演由二个耍球人带领四只狮子完成，需要狮子之间、狮头与狮尾、狮子与耍球人之间密切配合，才能表现出狮子各种表情与神韵，使其活灵活现。再如，"叠罗汉"时，地面四人面朝内围绕八仙桌相互抓住手腕担当底座，底座肩上四人十指相扣站立，八仙桌上两人站肩，形成塔状，做顺时针与逆时针各转三圈，上下两层队员之间的绝对信任是完成动作之关键；塔顶"拜天地"，表演者躺于桌面，双手合十，上体悬出，双脚由队友抱压前胸予以固定，仰卧起身参拜，第三次起身时，队友突然将表演者靠于桌子边缘侧的右腿推出桌面悬吊，表演者做惊吓状，该动作需要二人高度的配合与默契。

3. 尊师重道的舞狮传统

黄沙狮子在传承过程中没有制定书面的门规戒律，但有口头流传的要求，主要从以下几个方面对弟子进行

考查与要求：第一，拜师需要有1—2位长者作为介绍人，师父要考查其平时德行，在拜师现场还要当面问询平时生活作风、学习决心等，师父满意后再递上拜师帖、奉茶、跪拜盟誓，确定师徒关系；第二，在学习狮舞技艺过程中，徒弟必须严格按照师父的要求进行，每次训练不得迟到，到场后布置场地器材，练习时有序进行，结束后归置器材，收拾场地，向师父报告后方得离开。第三，在生活中不得欺负他人、要尊老爱幼、惩恶扬善、多行善事，若有违反者，轻者处罚，重则逐出师门。重视师承关系，要求"习武之徒须谦虚好学，尊敬师长"，在学习过程中要听从师父教诲、虚心请教，在生活中要尊敬师父、不得随意无礼。通过前期考查、学习规范，进而培养出武艺高强、人格完美的传承人，使狮舞技艺得到更好的传承，也提升黄沙狮舞在当地的影响力和美好印象。高尚德行塑造，不在于外在法律规范，而是主体知、情、意的一统，从而内化为生活规范，形成一种习惯，成就自我人格。当今社会人们奋力追求经济利益最大化，物质财富丰收却也伴随着精神意义的忘却；逐步健全

的法律法规给大众带来安全保障时，却逐渐发现人的良知才是幸福生活与社会稳定的重要保证。

4. 舞武一体的创新理念

黄沙舞狮素以高难度的表演名扬天下，这项传统表演艺术最大的特点就是将民间武术与传统舞狮表演巧妙地结合起来，舞武一体，进献绝技，其精彩的表演不但能在地上翻滚嬉戏，又能在高台上表演各种动作，表演时，演员在八仙桌上翻飞的同时，还兼顾耍过堂、摔桌角、"叠罗汉"等动作，整个表演过程娱神娱人，刚柔相济，形成黄沙狮子最大的特点，也成为独特的地方文化特征。

5. 祈求五谷丰登、六畜兴旺的愿望

每逢农历大年三十至农历二月二传统的汉族民俗节日，黄沙狮子挨家串村去拜年、贺喜，为百姓赐吉祥，保平安，消灾降福，祈求五谷丰登，六畜兴旺，老百姓给狮子送红包、讨吉利。几百年来，黄沙狮子一直流传于白水洋镇西南至镇北界岭脚下一块约长20千米、宽7千米的黄沙洋狭长地域。它素以舞、武结合和高超演技名扬四方，具有浓郁的乡土气息和鲜明的地域民俗特色，是汉族民间精湛武术和传统舞狮表演的完美结合，是江南地区为数不多具有杰出价值的优秀汉族民间艺术。

（三）制度要素

1. 循序渐进的表演流程

黄沙狮子的表演包括扫场、平地舞狮、塔台表演三大程序。各程序之间相互衔接，表演的难度和观赏性亦逐级提高。首先是扫场，舞狮队到达表演目的地后，寻一开阔平地，鼓乐齐鸣，当场地周围观众聚集较多时，在地面表演临海地方传统南拳中的拳术、棍术（单练、对练）以及杂耍中的钢叉，通过表演划定区域为后续表演所用。其预热表演的武术动作优美，吸引更多的观众驻足欣赏；其次是平地舞狮。首先出场的是引狮员，手持绳球进行表演，演练时运用身体的各部位做缠绕收放的各种动作，舞圆时犹如一堵绳墙，密不透风，辅以球头布条之破风声，蔚为壮观；接着用彩球戏耍酣睡狮子，待其惊醒后，与之玩耍，相互配合；引狮员引领狮子时而原地舞动，时而奔向场地各角落，以"狮子舞四角"结束为地面表演前半程的截止点。接着是舞狮艺人的徒

手技艺动作，展现的是武术与舞狮的基本功和队伍的团结协作精神，充分表现其力量、速度、灵敏、协调等习武人具备的素质和过人的胆识，动作包括徒手宝塔造型、持械站肩。最后是塔台舞狮，包括多人跳单桌表演和多人多层高台表演，包括插蜡烛、拔倒蹬等6个动作；单人顶层表演，包括独脚插、仰天竖、脱穿鞋袜等10多个动作；塔台舞狮，包括狮子上下山、雄狮吞吐引狮员、礼拜宾朋。最后部分动作是黄沙狮子整套表演的精华，充分融合了传统武术与杂耍之精髓，将黄沙狮舞的"高、难、险、美"展现得淋漓尽致，让观众摒住呼吸、握紧拳头、心随狮动，直到狮子下山拜谢四方宾朋时才放松心情，为之欢呼。

2.以"骨牌九锣鼓乐"为舞狮伴奏乐

狮舞演出采用的鼓乐为浙江临海地区具有代表性的"骨牌九锣鼓乐"。该鼓乐在临海称为"狮子锣鼓"，是几百年前临海人民根据清代"牌九"器具的不同图案、造型、俗称的谐音及其各张牌的点数创造而成，2007年被列为台州市非物质文化遗产。该鼓乐表演形式有"坐式"（即坐着敲，乐器种类较多，有锣、钹、鼓、骨板、长号，用于"老爷寿日"的祭祀仪式活动）与"站式"演出（即边走边敲，乐器种类较少，常用鼓、大锣、带头锣、大铙，用于元宵和迎亲等民俗活动场合）。

表演过程中，节奏控制由鼓手掌握，根据表演场合与时长需要，控制表演曲牌的篇幅与用曲，配合狮子表达出各种神韵。目前黄沙狮子鼓乐表演器械包括：皮鼓、大锣、"大铙"（钹）、"带头锣"（小锣）。采用的曲调主要有："三五八"，节奏快，曲调为"当咚咣、当咣、咣咣、咚咚咚、咣咣、咚咚咚、咣咚、咣咣"，用于狮子抢球、单桌表演绕桌走等场合；"元宝五"，节奏慢，曲调为"当咚咚、咣咣、咚咣、咚咣咣"，用于狮子滚翻、狮子蹲下、绞子、咬球、戏球，耍球人耍花球等场合；"三连九"，节奏很快，曲调为"当、咣咣咣"，用于单桌表演的助跑、单桌跳跃、叠罗汉等场合。

（四）语言和象征符号

生动活泼的南方舞狮形象。狮子虽然从汉代开始就不断传入我国，但是数量较少且多为宫廷所有，百姓难得亲眼一见，认为狮子是神异之物，故而根据自己所熟悉的虎、豹、马等动物形状，结合书籍记载、图腾与神话传说进行艺术塑造，在表现狮子威武凶猛的同时也赋予其浪漫、神瑞的意味。北狮外形于唐朝基本定型，黄沙狮子创立者杨显枪在多年跟随杨家军抗击外侮的过程中，对北方狮子的外形与技术有深刻认识，其狮子外形受北狮影响较深，与北方狮无太大差异。然而，台州府作为东南沿海之地，南方传统舞狮自然对其产生影响，所以黄沙狮子不同与北狮的重要之处在于狮头与狮被缝合一体，这恰为南狮外形特征。当前我国北狮流派中，唯一狮头与狮被连为一体的就是黄沙狮子，其他北狮均为狮头与狮被分离。

传统制作的狮子道具长度为2.5—3米，狮头与狮被相连，制作材料包括毛竹、松木、麻丝、布匹、毛边纸、漆、颜料。主体颜色为翠绿、大红、中黄并辅以黑、白、粉等颜色。整体粗犷雄伟、色彩鲜明，具有典型的地方文化特色。黄沙狮子与北狮的外形与制作类似，其外形威武，形象逼真，展现百兽之王的霸气，符合北宋时期对狮的认知。

二、核心基因提取与评价

基于对材料的全面、深入分析，可将本文化元素的核心基因表述为"技艺和胆识兼备的舞狮精神""密切配合、团结互助的团体精神""尊师重道的舞狮传统"。

黄沙狮子核心文化基因评价依据

评价项目	评价因子	评价依据（特点）	是否
生命力评价	文化基因存续的时间	自出现起延续至今，未曾明显中断	√
		自出现起延续至今，但多次衰微、中断后复兴	
		曾明显衰败，改革开放后开始复兴或历史溯源关键环节缺失，难以考证	
		文化形态主体已灭失，现存部分痕迹	
	文化基因的稳定性	在发展过程中保持相当稳定的状态	√
		在发展过程中存在明显的精神内涵、表现形式剧变	
凝聚力评价	文化基因的凝聚力及社会动员效果	曾广泛凝聚起区域群体的力量，显著推动过社会经济文化的发展	
		曾部分凝聚起区域群体力量，对社会经济文化的发展产生过影响	√
		凝聚过力量，创造过实际的发展动能，但未见对社会经济文化发展产生显著改变	
		仅在历史文献或口耳相传中存在，未见实际介入社会经济发展	

续表

评价项目	评价因子	评价依据（特点）	是否
影响力评价	辐射的范围	具有全国性、世界性的影响力	√
		具有长三角区域、浙江省影响力	
		具有市县、乡镇影响力	
	提炼的高度	已经被古代文人士大夫和当代学者提炼为精神符号和理念理论	√
		单纯的样式、造型、工艺技术规范	
发展力评价	与当代精神追求和价值观念的契合	传统文化基因得到创造性转化、创新性发展；区域革命文化基因被完整继承、广泛弘扬；区域社会主义先进文化基因成为与浙江"三个地"相适应的文化高地	√
		部分转化、部分弘扬、部分发展	
		难以转化、难以弘扬、难以发展	

说明：基因特点评价是对解码出来的基因，根据本《导则》表2的要求，围绕"四个力"逐一对表打"√"，进行定性表述

（一）生命力评价

黄沙狮子始创于北宋年间，鼎盛时期是清末至民国初，整个黄沙洋大约有二三十个狮子班，有些大村甚至有3个。作为推动黄沙狮子传承和发展的文化基因——"技艺和胆识兼备的舞狮精神""密切配合、团结互助的团体精神""尊师重道的舞狮传统"亦是如此，且在黄沙狮子这项民俗技艺的发展过程中保持相当稳定的状态。

（二）凝聚力评价

自宋代至清末民初，黄沙狮子在当地逐步发展成熟、达到鼎盛。民初时期，参加狮子班的人数有300至500人，

成为黄沙洋人谋生度日的手段。如今，狮子班广泛分布于当地各乡镇，成为重要的文化产业。同时黄沙狮舞承接过去、现在与未来，在传承过程中决定了民众的意识形态与价值观念、生活习俗等，在长期共同的生产生活中，潜移默化地积淀了民族凝聚的思想基础。成功的狮子表演需要每位参与者同心协力，要能放心将个人安全交给队友，练习黄沙狮舞，需要的是相互帮助与绝对信任，从而使表演团体高度凝聚，进而促进区域民众团结互助。这是一种共同的心理素质，是民众对区域传统文化的认同、肯定与遵从。通过长期练习、展演，民众认同本民族的生产生活方式、思想价值观、信仰、习俗，进而珍重、守望、实践、传承、弘扬，民众之间心理与情感得以共鸣，彼此亲近与吸引，获得归依感，形成文化认同，最终汇聚成强大的民族凝聚力。因此，作为黄沙狮子的核心基因，"技艺和胆识兼备的舞狮精神""密切配合、团结互助的团体精神""尊师重道的舞狮传统"具有很强的凝聚力，能够聚集民众力量，有力地推动经济文化的发展。

（三）影响力评价

黄沙狮子曾是当地各乡镇重要的文化娱乐项目。新中国成立后，黄沙狮子虽有短暂的衰落，但依然保持了良好的发展势头。1952 年，黄沙狮子表演队被邀参加浙江省民族形式体育运动大会，获得锦旗，并受到表彰，名声大震。20 世纪 80 年代，在当地镇政府与市文化部门的重视和热心传人的带头组织下，黄沙狮子开始表演活动。1998 年以来，黄沙狮子参加了历届的"中国江南长城节"（又名古城文化节）的表演活动，并多次受邀参加浙江省文化遗产日和台州市元宵踩街等一系列大型文化活动。中央电视台分别于 2005 年、2007 年、2016 年 11 月三次专程来临海拍摄了黄沙狮子专题节目，并在央视四套《华夏文明》栏目和 2008 年春节一套《共同关注》栏目多次向国内外观众播放；2015 年 10 月赴韩国参加韩国江原道横城郡参加该郡举办的第 11 届"韩牛节"活动；2016 年 12 月，赴北京参与央视四套《非常传奇》栏目的拍摄。作为推动黄沙狮子发展传承的核心基因，"技艺和胆识兼备的舞狮精神""密切配合、团结互助的团体精神""尊师重道的舞狮传统"在当地县市具有较强的影响力。在三大核心基因的影响下，临海黄沙地区民众才能凝聚起力量，将黄沙狮子产业做大做强，走向全国、全世界。

（四）发展力评价

近年来，黄沙狮子团队与当地校园师生联手，培养一代又一代传习者，黄沙狮子表演队伍不断壮大。2015年，黄沙狮子团队在原有表演艺术团的基础上，成立了黄沙狮子传习所，在学校成立黄沙狮子社团、招收社员，黄沙狮子艺人赴校授课、编写《狮舞黄沙》校本教材，让学生全面了解和学习黄沙狮子的起源、发展及技能，使黄沙狮子传承队伍不断扩大。目前，

黄沙狮子建立了国家级、浙江省级、台州市级的传承体系。在白水洋镇上游村建有黄沙狮子展示馆1座。在灵湖得月园内非遗传承基地建有展示馆，在节假日不定期演出。黄沙狮子习练收获的德行恰是当今社会所欠缺，通过黄沙狮舞实践来规范个体与团体的德行，通过理性认识、情感体验，了解与认同，使其内化为自我道德意识，塑造自我德行。这种在社会整体意志支配下所形成的德行代际补偿机制，于民于国皆有益处。因此，作为黄沙狮子的核心基因，"技艺和胆识兼备的舞狮精神""密切配合、团结互助的团体精神""尊师重道的舞狮传统"契合当代精神和价值观念，具有创造性转化、创新性发展的巨大潜力。

三、核心基因保存

　　"技艺和胆识兼备的舞狮精神""密切配合、团结互助的团体精神""尊师重道的舞狮传统"作为黄沙狮子的核心基因，《"上桌"的黄沙狮子》等文字资料保存于临海市文化基因解码调查组资料库。《黄沙狮子赴河南演出》《黄沙狮子赴韩国横城郡演出》《2014年春节兴善门表演》等22项文字资料保存于临海市文化基因解码调查组资料库。《黄沙狮子》等两项视频资料保存于解码调查组资料库。

桃渚古城

台州府城　临海文化基因

桃渚古城

　　桃渚古城座落在浙江省临海市东南41千米的后所山山麓，位于台州湾和三门湾之间的东海之滨，是明代浙江沿海41座海防卫所之一，三面枕山，一面濒海。它的城垣东北面蜿蜒于后所山，前对石柱岩，后倚将台山，东邻狮子山，西望伏虎山。往东北与椒江的海门（明代的海门卫）互为犄角；往北与三门的健跳（明代的健跳千户所）互为犄角；往西与临海（明代的台州卫）互为犄角。"东即桃渚港，东北十里有昌埠港、昌埠岭，南有肯埠岭，北有白莲岭，东有安圣寺，诸处皆为冲要"。桃渚古城近处海域遍布岛屿与礁石，地形复杂，易守难攻，是一个军事战略位置十分显著的国防要塞，为兵家必争之地。

桃渚古城始筑于明洪武二十年（1387），是为防御倭寇的入侵而建。为了保护人民的生命财产不受侵害，明太祖朱元璋于洪武十七年（1384）"命信国公汤和巡视海上，筑山东、江南北、浙东西沿海诸城"（《明史》卷九十一）。汤和至浙江后，"选丁壮三万五千人筑之，尽发州县钱及籍罪人货给役"（《明史》卷一二六）。洪武二十年（1387），"汤和还，凡筑宁海、临山等五十九城"（《明史》卷三）。桃渚城就是此时所筑成的五十九城中的一座，隶属于临海的海门卫。《明史》卷四十四说："……桃渚千户所，洪武二十年九月置。"《明实录》亦谓："洪武二十年…九月，筑台州健跳、桃渚土城，各置千户所以防倭。"

但当时的桃渚城并不是现在的桃渚城，当时所筑的桃渚城座落在距今桃渚城东南方向10千米的上盘镇新城村旧城山，距海岸仅1千米许。该城"三面滨海，东临圣塘门，接轻盈山，南襟海涂，北扼桃渚港"，百姓称之为"下旧城"。永乐七年（1409）九月，"浙江卫所五，飓风骤雨，坏城漂流房舍"（《明史》卷二十九）。从地形上看，这里所说的"浙江卫所五"，桃渚城当是其中之一。因过于近海，既不利于防守，又濒遭台风海潮的袭击。桃渚城随后进行了迁移，内迁至今桃渚镇中城村，即所谓的"中旧城"。桃渚城的这次迁移，具体时间不详，估计是在永乐二十二年。是年，朝廷"诏天下都司卫所修治城池"（《明史》卷八），此时应当是桃渚城内迁的最好时机。内迁后的桃渚城，虽然离海岸远了许多，但每逢涨潮，城之四周仍为海水所围，安全还是得不到保证。正统四年（1439）五月，大股倭寇进犯桃渚，致使"官庾民舍，焚劫一空"（明·佚名《嘉靖东南平倭通录》附录《国朝典汇》）。正统七年（1442），朝廷遣户部侍郎焦宏、监察御史高峻备倭浙江。他们认为桃渚城"在临邑海崖之巅，势甚孤危，适足以饵寇，且潮汐冲激，弗克宁居"（明·黄淮《介庵集》卷九《桃渚千户所迁城记》），因而主张再次迁城，"乃集藩宪及都司臣，金议内徙十里许，地曰芙蓉，规划既定，召匠抢材，乃筑乃构，聿底于成"（明·黄淮《介庵集》卷九《桃渚千户所迁城记》）。这次的迁建至第二年结束，也是桃渚城的最后一次内迁。嘉靖二十六年（1547）十二月，倭寇进犯"宁、台二郡，大肆杀掠"，致"二郡将吏并获罪"（《明史》卷三二二），而桃渚城则经受住了考验。嘉靖三十八年（1559），倭寇再次入侵，桃渚告急。戚继光自宁波"统大兵压境长驱，以破巢穴，城赖以全，活者数万"（明·何宠《桃渚新建敌合碑记》）。歼灭入侵的倭寇后，戚继光于桃渚"补弊救偏，兴革利弊，立体统，树勤职，谨斥埃，练士卒，坠者修，废者举，增城浚濠，靡不周悉"（明·何宠《桃渚新建敌台碑记》）。后又以桃渚城"东西一角为鼓泽，蔽塞不通"（明·何宠《桃潜新建敌台碑记》），用官府空基易价作为费用，建敌台二所，使桃诸城"城上有台，台上有楼，高下深广，相地宜以曲全，悬瞭城外，纤悉莫隐藏"（明·何宠《桃渚新建敌台碑记》）。嘉靖四十三年（1564）秋季，卫指挥柳应时又以督造官的身份对桃渚城进行了大规模的修缮，并"以功世袭千户"（清乾隆《柳氏宗谱·鹤乔先生自序》）。此后，历经多次修葺与增补。20世纪50年代，桃渚城

的软墙和垛口全部被拆，形成了现在的形制和规模。

桃渚城城体布局呈方形，城前有护城河，西南两面则为一片旷野。桃渚城平均高度为4.6米，城上原建有敌台十四个。敌台的城墙外壁建有马面，尚存十二个，分布如下：东面城墙三个、南面城墙二个、西面城墙二个、北面城墙一个以及四角各一个。桃渚城有城门三道，东、南、西各一，东城门偏南而设，南城门偏东而设，西城门亦偏南而设，城门均为拱券形。三道城门外均有一道重门，以半圆形的围合空间构成里门之外的又一道防线，即瓮城。瓮城的建造，一是为了守城将士与倭寇迂回战斗，二是用以遮避郊外的风尘。

桃渚城不但是抗倭军事要地，也是中韩两国文化交流的重要见证之地。明弘治元年（1488），朝鲜文官崔溥等四十余人在济州岛渡海时遇风暴袭击，经海上漂流十四天到达台州沿海。崔溥获救后被送到桃渚千户所验明身份随后得到礼遇，逐级护送至北京后回国。崔溥将所见所闻写成《漂海录》一书，成为传递中韩友谊的历史文献。桃渚还是风景优美的旅游胜地。南宋

文天祥有诗赞美桃渚雄奇的风景："海山仙子国，邂逅寄孤篷。万象画图里，千崖玉界中。"清代旅行家冯赓雪赞誉桃渚为："风景直冠东南。"

桃渚城内现仍保存古迹数十处，包括明代的"眺远""镇海"大字摩崖石刻和《桃城新建敌台碑记》石碑、明代的天妃宫、关帝庙和清代的观音堂，另外还有古建民居、鼓楼、鹤峤书院、柳氏古宅、郎家里古宅、郎德丰古宅、佛号柱等。

桃渚城是浙江省保存最完好的所城，是研究明代卫所制度与沿海防御体系的重要实物资料。2001年桃渚城被国务院列入第五批全国重点文物保护单位。

一、要素分解

（一）物质要素

1. 年代久远的摩崖石刻

桃渚古城内有两处历史悠久的摩崖石刻，位于城内西北方向后所山上。"眺远"石刻位于东北角的巨岩上，二字直排，左为"明楚将军胡海题"款，右有"民国廿九年五月吉旦桃渚区长璈翔重刻"。题字的楚将军胡海生平不详，也许就是明弘治时期（1488—1505）的浙江按察使司佥事胡海。

山腰的悬崖山壁上刻着"镇海"二字，原题字落款已经无法清晰辨识。但是，有"民国廿九年五月吉旦桃渚区长璈翔重刻"标识。翻阅《台州府志·金石考》及桃渚镇政府收藏的《柳氏宗谱》，可以得知原落款为"崇祯元年四月鲍大谋题"。历史上是否有鲍大谋本人，我们无从查证，是真名还是化名都不得而知。

《桃城新建敌台碑记》石碑也在后所山上，这块石碑建有碑亭为其遮风挡雨，而石碑现已残缺。石碑由整石碑体和凹槽碑座组合而成，以树枝环绕图案装饰于石碑四周；碑座高40厘米，上端宽同石碑、下端宽88厘米、厚37厘米；碑文洋洋洒洒18行，满行34字。为嘉靖四十年（1561）桃渚镇当地人何宠所撰，碑文经风吹日晒已模糊不清，但是整篇碑文在桃渚

《柳氏宗谱》和《郎氏宗谱》中都有记录留存。

2. 规模庞大的建筑群

桃渚城历史悠久，文化底蕴深厚，城内现存有大量儒、释、道文化建筑，典型代表有天后宫、关帝庙、鼓楼、鹤峤书院、柳氏古宅、郎氏古宅。

初建于明朝正统期间的天妃宫距今已有500多年（1436—1449）。它坐落于山腰处，是为祭祀天后妈祖娘娘而建，同时也是为保佑出海打渔的渔民而建。历朝历代各有兴废，现仅存庙宇三间。传说天后林默娘本是莆田湄洲人，是当时唐朝末年都巡检林愿之六世重孙妇女，生于北宋，生日是农历三月廿三日。她自幼聪明、好学、勇敢、善良、知天象，能驱邪，可治病，还有指引航海的本领。飞升成仙后被尊为航海守护神。后被明成祖封为"护国庇民妙灵昭应宏仁普济天妃"，清朝康熙皇帝又敕封其为"护国庇民妙灵昭应宏仁普济天后"，俗称"妈祖娘娘"。

关帝庙始建于明成化三年，经历火灾之后于清代重建，现仅存大殿三间，供奉着关公神像。房屋建筑根据风水讲究坐北朝南，以明代简洁装饰风格为主。关公本名关羽，字云长，出生于公元161年，卒于公元220年。关公集忠、信、义、勇于一身，在古代备受推崇。早在明代，王世贞就惊呼："故前将军汉寿亭侯关公祠庙遍天下，祠庙几与学宫、浮屠等。"清代的赵翼亦更加惊叹道："今且南极岭表，北极寒垣，凡儿童妇女，无不震其（关公）威灵者。香火之盛，将与天地同不朽。"

桃渚古城的鼓楼位于古城最宽的一条主干道上，是古城墙上防卫所探测敌方情况的小空洞，楼体由上下二层楼房组成，共三间房屋。楼下是部队巡逻的过道，左右两边分别是附属楼阁，看起来像是大鹏鸟展翅。由于年代过于久远，楼体已有部分残缺。

鹤峤书院坐落于后所山东部，因常有飞鹤于此栖息，故名鹤峤。书院最初建于清朝乾隆十五年（1750），后经历火灾，经郎氏家族两次重建。到了辛亥革命时期，杨镇毅任院长，培养了不少的革命人才。现代著名的教育家林迪生就出生于出院。如今书院已废，只有部分遗址供考察。

柳氏古宅是典型明代建筑，由桃渚柳氏第五代传人所造。清朝同治年间（1860—1875），柳氏族孙第十二代后裔柳子翰曾考取举人，始建此宅，可谓风光一时。柳宅占地面积 1800 平方米，是一座四周环绕的四合院。三进门格局，外有屏风，内有堂号。东门上方悬有"武魁"二字匾额。宅内梁柱以鼓形柱为承重柱，柱头装饰为斗拱设计，宅内石窗雕刻技法细腻，古朴大方，四合院设有与天井对应的地面石板，石板图案与石窗图案相似，多为具象图案设计。环看柳宅，无论是房屋结构还是石窗花纹，都具有典型的明代设计风格。

桃渚古城内还有郎氏古宅两座，一宅名为郎家里古宅，一宅名为郎德丰古宅。前者建于清朝道光年间（1821—1850），由郎氏族孙第八代后裔郎昌滁所造。后者为郎氏族孙第九代后裔郎子恒所建。前者占地 2500 平方米，后者 3200 平方米。两座古宅共有约 100 间房间，现郎氏后人仍然居住在古宅中。

（二）精神要素

坚定不移的卫国情怀。桃渚古城见证了明代以来我国抗倭历史，体现了台州地区军民的卫国情怀。嘉靖三十八年（1559）春，数以千计的倭寇包围桃渚城七昼夜，千户翟铨率领着男女老少浴血奋战，日夜坚守，同时飞骑向宁绍台参将戚继光"羽书告急"。戚将军在宁波闻讯，立即挥师冒雨长驱压境，设计潜兵入城，内外夹击，大败倭寇，是我国抗倭史上的重大事件之一。

戚继光曾立志："封侯非我意，但愿海波平。"他挥师夺回桃渚城时，告诫戚家军"禁妄杀，禁火攻"以保当地百姓财产及人身安全。戚继光常用歼灭战打退倭寇，他说："非大创尽歼，终不能杜其再至。"以至于戚继光到北方守边时，经常到中原抢杀的游牧民族慑于戚继光的兵威一直不敢大规模进犯。

（三）制度要素

1. 严密完整的海防体系

桃渚城是我国明代海防体系中五十九座卫所之一。自宋末至明初，倭乱渐起，成为我国东南沿海大患。面对从海上来的倭寇，明人在前代基础上构想出一套严密完整的海防体系。卫所制形成了明代军事制度的基础。卫比所高一级，相当于一个战区的指挥中心，一般一卫统辖五个千户所。其中五千六百人为一卫，一千一百二十人为一所。明朝在漫长的海岸线上共筑五十九座城池。卫所下又设关，寨，台，烽堠和巡检司，构成一套完整的联合防御体系。

2. 独具创造性的军事建筑形制

戚继光在城墙两角创造性地修筑了空心敌台，使桃渚形成"城上有台，台上有楼，高下深广"的格局，大大增强了桃渚城的防御能力。随后戚继光又在台州府城修筑13座空心敌台，为其晚年大规模建造北方长城空心敌台开启了先河。空心敌台促进了中国古代军事建筑学的发展，是军事建筑史和城防史的重大突破。

3. 独一无二的瓮城建筑形制

桃渚城共设有三道城门，全都设计为瓮城形制，进一步加强了防御性。瓮城具有很强的迷惑性，使城墙外部的人不能察觉城墙内部空间。当敌军侵入瓮城时，将城门关闭，可瓮中捉鳖，全歼敌军。桃渚城的城门为拱券形制，充分发挥了石头的结构特性。明时的城门上还设有城楼。城楼的作用不言而喻，它一方面可起到威慑倭寇的作用，另一方面也是瞭望观察敌情的制高点。瓮城、城门与城楼相互联合形成整体共同弥补了城门防守的不足。

（四）语言与象征符号

古朴精致的石雕窗形。石雕镂窗是桃渚古城民居石构建筑的重要部件，它反映了沿海特色的建筑文化，是中国雕刻民间艺术的瑰宝。海滨城市潮湿多雨，木构建筑并不适用于这种居住环境，而石质更有防腐、防侵蚀的功能。这些石窗不仅具有较强的实用性，更有深刻的美学价值。

石窗图案主要有简单几何图形、"11"形图形、"万"字形中心图、"品"字形中心图、具象图案等。几何图形图案是以简单的竖条垂直平分为主。这种相对统一的图形给人以稳定感，显得简单、古朴又透露出不同寻常的含意。其在统一中相对变化，变化中又和谐统一，是质与形的统一。"11"形图形向外伸展，类似变形的对称，大小完全一致，以中心对称却给人稳定感，四周向外延伸，却被固定在一定的框形内，动中有静，静中有动。最具价值的是具象图形的石窗图案。其形态逼真，造型写意性极强。有聚宝盆、麒麟瑞兽、双龙戏珠、花鸟卷草等图形，图案极为饱满，动感十足。石窗造型独特，制作精美，展现村民对美好生活的向往。

二、核心基因提取与评价

基于对材料的全面、深入分析，可将本文化元素的核心基因表述为"坚定不移的卫国情怀""规模庞大的建筑群""严密完整的海防体系"。

桃渚古城核心文化基因评价依据

评价项目	评价因子	评价依据（特点）	是否
生命力评价	文化基因存续的时间	自出现起延续至今，未曾明显中断	√
		自出现起延续至今，但多次衰微、中断后复兴	
		曾明显衰败，改革开放后开始复兴或历史溯源关键环节缺失，难以考证	
		文化形态主体已灭失，现存部分痕迹	
	文化基因的稳定性	在发展过程中保持相当稳定的状态	√
		在发展过程中存在明显的精神内涵、表现形式剧变	
凝聚力评价	文化基因的凝聚力及社会动员效果	曾广泛凝聚起区域群体的力量，显著推动过社会经济文化的发展	√
		曾部分凝聚起区域群体力量，对社会经济文化的发展产生过影响	
		凝聚过力量，创造过实际的发展动能，但未见对社会经济文化发展产生显著改变	
		仅在历史文献或口耳相传中存在，未见实际介入社会经济发展	

续表

评价项目	评价因子	评价依据（特点）	是否
影响力评价	辐射的范围	具有全国性、世界性的影响力	√
		具有长三角区域、浙江省影响力	
		具有市县、乡镇影响力	
	提炼的高度	已经被古代文人士大夫和当代学者提炼为精神符号和理念理论	√
		单纯的样式、造型、工艺技术规范	
发展力评价	与当代精神追求和价值观念的契合	传统文化基因得到创造性转化、创新性发展；区域革命文化基因被完整继承、广泛弘扬；区域社会主义先进文化基因成为与浙江"三个地"相适应的文化高地	√
		部分转化、部分弘扬、部分发展	
		难以转化、难以弘扬、难以发展	

说明：基因特点评价是对解码出来的基因，根据本《导则》表2的要求，围绕"四个力"逐一对表打"√"，进行定性表述

（一）生命力评价

桃渚城始建于明朝洪武年间，城墙主体及三个城门均保持完好，城内街巷至今仍保持着明清风貌，因此作为桃渚古城的核心文化基因，"坚定不移的卫国情怀""规模庞大的建筑群""严密完整的海防体系"一直延续至今，保持了稳定的形态。同时，桃渚城内的民众对抗倭历史、故事、传说耳熟能详，核心基因作通过代代传承，成为当地民众共同的文化印记，拥有强大的生命力。

（二）凝聚力评价

"坚定不移的卫国情怀""规模庞大的建筑群""严密完整的海防体系"三大核心基因在很大程度上增强了桃渚古城的御敌作用，为抗倭提供了强大的物质和精神基础。另一方面，"坚定不移的卫国情怀"凝聚起了历代桃渚军民的力量，推动了当地的抗倭、戍边事业，保障了民众生命财产安全和国家主权的完整性。

（三）影响力评价

桃渚古城是明代海防体系中59座卫所之一，为台州地区的抗倭事业作出了不可磨灭的贡献。作为其核心基因，"坚定不移的卫国情怀""规模庞大的建筑群""严密完整的海防体系"三大核心基因以古城墙为载体，在当地县市范围内具有影响力，而"坚定不移的卫国情怀"在历史上凝聚了当地的军民力量以共抗倭寇，因此同样在县市范围内具有影响力。

（四）发展力评价

"坚定不移的卫国情怀""规模庞大的建筑群""严密完整的海防体系"核心基因在现代军事领域或许已失去使用价值，但对于研究古代军事建筑、回顾东南沿海抗倭历史具有重要意义，同时在"以文促旅、以旅兴文"的发展理念下，创新性转化利用这两大建筑形制开发旅游体验产品，既能推动当地抗倭文化的发展，又能促进旅游业的创新。在当今新时代、世界新格局下，"坚定不移的卫国情怀"应可理解为加强爱国教育、普及边境国防知识，因此，在新时代亦具有重要的转化利用价值。

三、核心基因保存

"坚定不移的卫国情怀""规模庞大的建筑群""严密完整的海防体系"作为桃渚古城的核心基因，基因保存情况如下：

《问讯桃渚》《浙江临海桃渚所城的保护与文化旅游发展探》等文字资料保存于临海市文化基因解码调查组资料库。另外，出版物和古文古籍有《桃渚新建敌台碑记》《台州府志》《康熙临海县志》《明实录》《明史》《嘉靖东南平倭通录》。

《桃渚城》《戚继光》《桃渚抗倭陈列馆》等98项图片资料保存于临海市文化基因解码调查组资料库。

《桃渚古城》等视频资料保存于临海市文化基因解码调查组资料库。

桃渚古城位于浙江省临海市东南41千米处东海之滨的桃渚镇城里村。

三抚基

台州府城　临海文化基因

三 抚基

　　临海市区紫阳街南端有"十伞巷""三抚基"二条古巷，这一带是明代临海四大家族之一——王宗沐家族的旧居。临海人誉称王氏家族为"父子四进士，一门三巡抚"。

　　宗沐有四子，士崧、士琦、士昌、士业。除士业为贡生外，其余皆进士，此所谓"父子四进士"。然而锦上添花的是，王宗沐本人和次子士琦、三子士昌都官至都察院都御史兼巡抚。明代，巡抚虽非地方正式军政长官，但因出抚地方，节制三司（承宣布政使司、提刑按察使司、都指挥使司），实际掌握着地方军政大权。同时，巡抚每年要赴京议事，也体现了朝廷对地方统辖权的加强，因此巡抚可以说是名副其实的封疆大吏。王宗沐家族"一门三巡抚"，在古代可谓荣耀之至。

王宗沐，字新甫，号敬所，临海城关人，出身于世家门第。明嘉靖二十三年（1544）中进士，授刑部主事。与李攀龙、王世贞等为诗文交。王宗沐由员外郎迁广西按察金事，督学政；任内，修宣成书院，建崇迪堂；三十三年任广东参议，分守惠州、潮州；三十五年，任江西提学副使，修王阳明祠，建正学、怀玉书院，于白鹿洞聚集诸生，亲自答疑、讲学；三十八年，任江西参政；次年，任按察使，辑成《江西大志》；四十年，升山西右布政使，时山西连岁灾荒，因入觐、上疏力陈缓征欠赋，获谴，调广西，不久以父病告假；父卒，在家修成《宋元资治通鉴》64 卷以及《十八史略》《台州府志》等。

隆庆元年（1567），王宗沐起为山东左布政使，任内清理铺行税额、编纂《东省经制全书》；五年，给事中李贵和请开胶莱河，宗沐认为"其功难成，不足济运"，建议利用海运。

山东巡抚梁梦龙采纳后，将 40 万升米自淮河起运，转海道运抵天津成功。因而升王宗沐为右副都御史，总督漕运兼巡抚凤阳，极言运军之苦，制定条例，采取措施，优恤运军，又注意治滩，建筑淮安至靖江闸间双堤，西面增建高家堰，东西疏浚涧河，提高防洪能力。万历三年（1575），王宗沐任南京刑部右侍郎，改工部，又改任刑部左侍郎；奉诏巡视山西、宣大诸镇边防军务，上《三镇图说》；九年罢官，与礼部尚书邑人秦鸣雷等为诗酒交；二十年卒，69 岁，追赠刑部尚书；王士琦，嘉靖三十年（1551）生，字圭叔，号丰舆。明万历十一年（1583）进士，授南京工部主事，历兵部郎中。十八年，出任福州知府。二十年，丁父忧返里。二十三年服满，任重庆知府，时播州宣慰使杨应龙谋反，士琦单骑前往招抚，事平，升四川按察副使。二十六年任山东参政，与总兵刘从经略邢出兵援朝抗倭，竭力主战，曰："强敌当前，有进死无退生。"奋不顾身，督师前进。栗林一战，倭被困十余日，求救于倭头目平义智。士琦为防两支倭军会合，一面以水师伺于海，一面亲率陆军急夺险地曳桥，斩首数百，乘胜入城。全歼三路倭寇，被时人称为"边才"。

事平，升河南左布政使。后历山西右布政，巡视冀北至云中；升山西左布政，兼领冀北军防。四十四年，升右副都御史，巡抚大同。他久镇云中，严守边疆，处理边疆事务，刚柔相济，威信素著。在任期间，边境平靖。著《封贡纪略》《三云筹俎考》，记安攘、封贡、军实、险要等事，详载其守边经验。因长年顶风冒雪巡行边境，患上风湿疾病，积劳成疾，于四十六年（1618）卒于山西任上，享年68岁。著作尚有《东征纪略》。

王士琦奉命出兵援朝抗倭全胜这段历史，至今还被朝鲜人民传为佳话。1953年11月，朝鲜领导人来访时曾谈及此事。前不久，韩国代表团来华访问时，还特地问起浙江临海的王士琦，赞不绝口。

王士昌，明嘉靖四十年（1561）生，字永叔，号斗溟。万历七年（1579）举人，十四年中进士。任龙溪知县，以贤能著声，授官礼科给事中，再历吏科、礼科，遇事敢言。二十九年，以进言册立太子事。谪贵州镇远典史。三十六年再起刑部员外郎，渐转大理

寺少卿，升都察院右佥都御史，巡抚福建。时福建海寇甚炽，士昌剿抚并用，不日即告平定。后以直言忤当朝意，罢归，卒于家。士昌能诗，又擅画山水，并工水墨折枝，名存画史。著有《三垣摘疏》《镜园草》等。

除王宗沐、王士琦、王士昌担任过巡抚，外临海王氏家族中名人辈出，其中包括我国明代杰出的人文地理学先驱王士性。王士性，字恒叔，号太初，临海人，王宗沐从侄。万历时中进士，由确山知县征授礼科给事中。首陈天下大计数千言，认为朝廷的要务有二：亲章奏，节财用；官司的要务有三：即"有司文网，督学科条，王官考核"；兵戎的要务有四，为"中州武备，晋地要害，北寇机宜，辽左战功"。均深切明弊，大多得以实行。王士性曾揭发杨巍阿谀辅臣申时行，而申时行亦纳杨巍邪媚，二者皆失大臣体。后来，他又上疏请召还沈思孝、吴中行等人，忤旨，不报。后迁为吏科给事中，出为四川参议，担任过太仆少卿，后被调到南京。多年后，就迁鸿胪卿，五十三岁卒。王士性还曾上疏"恳陈天下大计""乞禁宫廷灯会、兵演""修复黄河故道""呼吁珍惜

人才共济国是""呼请痛革科场积弊、明察邪媚"等10余条建议，受到同僚们"卓于下节，慨抗于上"的赞词，他从政20年，政绩卓著，是一位忧国爱民的好官。

然而，王士性最为后人所称道的，是他开创了我国人文地理学。他喜欢游历，辗转东西南北，足迹几乎遍及全国。后来他对自己一生所见所闻作了系统、全面的综述，写成了《广志绎》《五岳游草》《广游志》等人文地理学著作，不仅如实纪录了我国各地人文地理风貌，还把许多地理现象进行了归纳和分析，并形成了可供世人所借鉴的地理理论。例如在《广志绎》卷一中，他简要地分析了中国各地的地域差异："东南饶鱼盐、杭稻之利；中州、楚地饶渔；西南饶金银矿、宝石、文贝、琥珀、朱砂、水银；南饶犀、象、椒、苏、外国诸币帛；北饶牛、羊、马、赢、羢毡；西南川、贵、黔、粤饶梗楠大木。江南饶薪，取火于木；江北饶煤，取火于土。西北山高陆行，而无舟楫，东南泽广，舟行鲜车马。海南人食鱼虾，北人厌其腥；塞北人食乳酪，南人恶其膻；河北人食胡葱、蒜、薤，江南畏其辛辣。而身自不觉，此皆水土积习，不能强同。"寥寥百余言，区分了全国各地区在特产、燃料、交通、习俗等方面的差异，并将各地方特色概括得恰如其分，条理井然。

一、要素分解

（一）物质要素

规模庞大的建筑遗址

除了三抚基，王氏家族在临海还留存了大量文化古迹。今临海市区原存一条"十伞巷"，坐落在巾子山脚，南起三抚（府）基，北至水门街，全长137米，为王宗沐旧居所在，因其本人和子孙居官清廉，家有百姓所送的"万民伞"10顶，巷以此得名。另外还有"七坊表"，均为时人为纪念王家所建："七藩节镇坊"，在原县治前，为大中丞王宗沐而立，系城内最为壮观的一座，坊立县治前，用以告诫县吏为官清廉；"文章经国坊"，在泉井洋，为中丞王士性立，以纪念这位"素以诗文名天下"的文才；"德业匡时坊"，在东湖左，也是为王士性立；"鸿业初试坊"，在诸天巷，为万历四年举人王士琦等立，后士琦中了进士，奉命赴朝平寇大胜而归，故在东门街又为其立"安攘茂烈坊"；"郡材济美坊"，亦在县治前，为万历七年举人王士昌等立，士昌中进士后，又在校士馆前立"大中丞坊"。

在城郊，建有王氏墓五座。王宗沐墓，在县南二十里延丰，赐祭葬（今小溪白岩岙）；王鸿胪士性墓，在西北五十里黄奢保宁寺东（今双港通济堂北）；王员外士崧墓，在县西三十里小岭；王巡抚士昌墓，在县南五里紫沙岙倒插金钗；王巡抚士琦墓，在县西三十里石塘，即今张家渡王庄山，墓前有石坊（上镌"天恩赐地"四个大字）、华表、翁仲、石马、石虎、石羊及御碑亭，是天启五年赐葬的。1956年，王士琦墓随葬器物共出土107件，其中22件随葬金器被认定为国家一级文物。目前，墓前大型石刻尚存，形象真实生动，神态自然，是典型的明代风格，部分已修复原样，具有较高的历史和艺术价值。

（二）精神要素

1. 耕读传家的家风家训

王氏家族有着耕读传家的家风家训。封建时代，很多家族的教育基本上都围绕科举展开。王氏家族家学累积，风气浸染，形成一个良好的学习环境。王稳，字邦宁，号慎庵。宣宗宣德七年（1432）举人，英宗正统三年（1438）中副榜进士，开王氏家族科场辉煌之先河，筚路蓝缕，以启山林。王稳曾孙王宗沐真正奠定家族的文化基业。王宗沐品格高尚，学养深厚，在他教育和熏陶下的子孙也都有着这种一脉相承的家风。王宗沐的几个儿子王士崧、王士琦、王士昌等都砥砺意志，真正做到为官一任，造福一方，

文学上也都有一定的造诣，并往往书画兼通。王宗沐的从侄，中国人文地理学之祖王士性更是既具治国雄才，也富文艺天赋，建构起一个全新的人文地理学理论，并以这样的理论指导自己数十年的旅游实践，极大地丰富和发展了中国山水文学的情感内涵和美学特征，与徐霞客的旅游思想与山水文学成就先后辉映。王氏家族于王士性同辈时期在仕宦、学术、文学方面都达到巅峰状态。

2. 经世致用、躬行实践的士人精神

王士性自万历五年（1577）中进士，出任确山知县以后，20年来，辗转东西南北，除福建外，足迹遍及全国，他注重亲身见闻、实地考察，将自己的所见所闻、所思所想著成了我国人文地理学巨作《广志绎》，为后人提供了丰富的经济地理资料，为我国人文地理学的发展做出了巨大的贡献。王士昌以进言册立太子事被贬，后来直言忤当朝意被罢，王士性曾揭发杨巍阿谀辅臣申时行、上疏"恳陈天下大计""乞禁宫廷灯会、兵演""修复黄河故道""呼吁珍惜人才共济国是""呼请痛革科场积弊、明察邪媚"等10余条建议，体现了刚正不阿、遇

事敢言的传统士大夫精神。王宗沐关于海运运粮的建议取得实效、筑淮安至靖江闸间双堤提高防洪能力，王士琦单骑招抚播州宣慰使、出兵援朝抗倭大获成功、久镇云中边境平靖，王士昌平定福建海寇，王氏家族在内政、军事等各领域的功绩体现了古代文人士大夫"经世致用"的价值观和理想。

3. 寄情山水的文人雅趣

王宗沐辞归后常与好友秦鸣雷、应大猷、何宽等聚会。他们趣尚相同，每天饮酒作诗，以此为乐。从王宗沐的山水诗中，人们也能看到这种与时尚相融合的安逸之风，如《早春同兄弟游巾山翠微阁》："雨霁芜烟一望轻，千家灯火合春城。江流自绕东峰出，陶势还连北崎平。涛壮鱼龙惊鼓楫，座幽松竹学鸣筝。谢家词赋应谁似，解道池塘草渐生。"景物描写中透露出诗人情怀，极风人之致。诗中有画，滋润清华。

王士性更是热爱纵情游览名山胜景，展现一种独特的生活体验，激发诗情，自成高致。大自然的奇观异景给人以美的享受，也唤醒人们的创造精神。王士性诗歌多能以诗意的语言深化生活情趣，字字珠巩，情辞真挚。如奇情异彩的《宿石梁》一诗，追求人与自然的合一，在自然山水中获得一种审美逸趣："独跨幽崖划鬼工，何来神物蜕崆峒。转疑白日填乌鹊，忽漫青天驾彩虹。飞瀑倒垂双洞台，惊涛怒起万山空。西楼月色终宵在，风雨无端满梵官。"王士性的诗歌大部分是山水纪游诗，散文也多是游记，展现出模山范水的大手笔。

二、核心基因提取与评价

基于对材料的全面、深入分析，可将本文化元素的核心基因表述为"耕读传家的家风家训""经世致用、躬行实践的士人精神""寄情山水的文人雅趣"。

三抚基核心文化基因评价依据

评价项目	评价因子	评价依据（特点）	是否
生命力评价	文化基因存续的时间	自出现起延续至今，未曾明显中断	√
		自出现起延续至今，但多次衰微、中断后复兴	
		曾明显衰败，改革开放后开始复兴或历史溯源关键环节缺失，难以考证	
		文化形态主体已灭失，现存部分痕迹	
	文化基因的稳定性	在发展过程中保持相当稳定的状态	√
		在发展过程中存在明显的精神内涵、表现形式剧变	
凝聚力评价	文化基因的凝聚力及社会动员效果	曾广泛凝聚起区域群体的力量，显著推动过社会经济文化的发展	√
		曾部分凝聚起区域群体力量，对社会经济文化的发展产生过影响	
		凝聚过力量，创造过实际的发展动能，但未见对社会经济文化发展产生显著改变	
		仅在历史文献或口耳相传中存在，未见实际介入社会经济发展	

评价项目	评价因子	评价依据（特点）	是否
影响力评价	辐射的范围	具有全国性、世界性的影响力	√
		具有长三角区域、浙江省影响力	
		具有市县、乡镇影响力	
	提炼的高度	已经被古代文人士大夫和当代学者提炼为精神符号和理念理论	√
		单纯的样式、造型、工艺技术规范	
发展力评价	与当代精神追求和价值观念的契合	传统文化基因得到创造性转化、创新性发展；区域革命文化基因被完整继承、广泛弘扬；区域社会主义先进文化基因成为与浙江"三个地"相适应的文化高地	√
		部分转化、部分弘扬、部分发展	
		难以转化、难以弘扬、难以发展	

说明：基因特点评价是对解码出来的基因，根据本《导则》表2的要求，围绕"四个力"逐一对表打"√"，进行定性表述

（一）生命力评价

四大核心基因自出现起延续至今，未曾明显中断，在发展过程中保持相当稳定的状态。自明代以来，王氏一家家风正统、居官清廉、德业匡时，核心基因通过王氏一家的为官、授业之道代代传承，保持着旺盛的生命力，对临海地区的民众产生了深刻的影响。

（二）凝聚力评价

王氏一族在内政、军事、著书等领域的卓越贡献，为我国留下了宝贵的精神财富和知识财富。核心文化基因"耕读传家的家风家训""经世致用、躬行实践的士人精神""寄情山水

的文人雅趣"在很大程度上凝聚起了各地区域性力量，推动了当地的经济、文化的发展。

（三）影响力评价

王士性游历中国，著成人文地理学巨作《广志绎》，将我国各地的地理现象作了归纳和分析，把地理现象提高到地理理论的高度，为后人提供了丰富的经济地理资料，开创了我国人文地理学。他还曾揭发辅臣罪行、上疏进谏，为后人留下了"刚正不阿、遇事敢言"的士大夫精神。王宗沐谏言海运、筑闸防洪，为官期间建书院、修书、讲学。王士琦招抚边地、援朝抗倭，军事著作颇丰。王士昌平定海寇。总之，王氏一族在内政、军事、教研、著书等领域做出了卓越的贡献，为我国留下了宝贵的精神财富和知识财富。核心文化基因"耕读传家的家风家训""经世致用、躬行实践的士人精神""寄情山水的文人雅趣"随着王氏一族的足迹在各地传播，在全国性范围内产生了重大影响力。

（四）发展力评价

"耕读传家的家风家训""经世致用、躬行实践的士人精神""寄情山水的文人雅趣"与当代精神追求和价值观念契合，具有创造性转化、创新性发展的巨大潜力。

三、核心基因保存

　　"耕读传家的家风家训""经世致用、躬行实践的士人精神""寄情山水的文人雅趣"是三抚基的核心基因，其资料保存如下：文字资料《王氏家族——一门三巡抚》文字资料保存于临海市文化基因解码调查组资料库，另外，出版物和古文古籍有《明史·王宗沐传》《明世宗实录》《台州府志》《王宗沐年谱》《章安王氏宗谱》《临海县志稿》；《十伞巷》《太初亭》《三抚基》等20项图片资料保存于临海市文化基因解码调查组资料库；《三抚基》视频保存于临海市文化基因解码调查组资料库；实物材料三抚基、十伞巷、七坊表、王氏墓五座等位于临海市境内。

临海王观澜故居

台州府城　临海文化基因

临海王观澜故居

王观澜（1906—1982），原名金水，字克洪，浙江省临海市城关镇人，中国共产党最早从事农民运动和土地革命的领导人之一。1906 年，王观澜出生在浙江临海的一个贫苦农民家庭，很小就在外放牛，做农活，9 岁才读私塾（北山小学）启蒙，16 岁以优异成绩考取临海县第六师范学校，并在那时改名观澜。为减轻家庭负担，他利用夜晚与假期为《台州日报》

抄写稿件，半工半读。1925 年六师学生会成立，王观澜被推选为学生会主席，加入中国共产主义青年团。1926 年冬转入中国共产党，任学生党支部书记。1927 年"四·一二"反革命政变后，辗转上海转入秘密活动。

1927 年，王观澜受党组织派遣，去往莫斯科东方大学学习。1929 年初，转入莫斯科劳动者共产主义大学。在大学里，他反对王明的教条主义和宗派主义，积极参与斗争，为此王明怀恨在心，污蔑他为"托派分子"，对他进行打击和压迫。王观澜此后还曾在列宁学院、苏联红军总医院学习。1930 年底，他奉党组织召唤，秘密回国。1931 年 1 月，前往江西中央苏区工作，任中共闽粤赣特委代理宣传部部长，主编特委机关报《红旗报》，并任兼闽粤赣军区政治部宣传部部长。在毛泽东的直接领导和教育下，他求真务实，艰苦创业，坚持面向工农大众办报的正确方向，创造性地发挥新闻事业党和政府喉舌、耳目的职能，以坚持真理、修正错误的斗争精神开展批评和斗争，为开创苏区新闻事业的新局面、丰富苏区干部好作风的内涵和苏区精神的形成作出巨大贡献。

1931 年 11 月，王观澜负责筹备并主编中华苏维埃临时中央政府的机关报《红色中华》。1932 年，在毛泽东的直接领导下，他在叶坪乡开展查田试点。不久中央苏区全面开展查田运动，王观澜任指导委员会主任，期间，他与毛泽东结下了深厚的革命友谊。1934 年 1 月，王观澜任苏维埃中央政府土地部副部长、中央土地委员会副主任。同年 10 月，在红一军团地方工作部工作，并随工农红军开始长征。1935 年 1 月遵义会议后，任中央军委干部团地方工作团主任。

红军长征期间，王观澜越雪山，过草地，历经饥饿、病患，机智勇敢地完成了长征中扩大红军和筹集军粮的任务，到达陕北。10 月，他任中华苏维埃共和国中央政府土地部部长、中央农委主任，因长征途中为队伍寻找粮食，误食病马肉，得了痢疾，为了不耽误进程，带病前行，落下了很严重的肠胃病，身体一直很虚弱，再加上工作繁忙，过度操劳，经常犯病。他的夫人徐明清多次劝他住院好好治疗一下，可王观澜总说"一点小病用不着如此麻烦"，不顾病情不断加重，仍坚持工作。徐明清见状焦急万分，担心他虚弱的身体会彻底被拖垮，无奈中只好向毛泽东求援，请他出面帮助劝说王观澜。在毛泽东的关切下，王观澜有所调整，但由于积劳成疾，患重感冒休克，复发十二指肠溃疡、神经衰弱等病症，后住进了延安中央医院。毛泽东专程去看望他，回去后十分牵挂，又专门写了一封信："既来之，则安之，自己完全不着急。让体内慢慢生长抵抗力和它作斗争，直到最后战而胜之，这是对付慢性病的方法。就是急性病，也只好让医生处治，自己也无所用其着急，因为急是急不好的。对于病，要有坚强的斗争意志，但不要着急。这是我对于病的态度。书之以供王观澜同志参考。"

这幅题词，不仅给予与疾病进行顽强抗争的王观澜很大精神力量，后来还广为流传，成为许多革命同志对待疾病保持坚强乐观态度的座右铭。

1938年，王明、康生诬称观澜是"托派"，毛泽东进行干预，他说："这个同志如果不是好同志，党内就没有好同志了。"次年，王观澜被选为中共七大代表。

新中国成立后，王观澜历任中共中央政策研究室副主任，农业部党组书记兼副部长，国务院农林办公室副主任兼北京农业大学校长、党委书记。他注重调查研究，坚持实事求是。党内在农业合作化问题上发生原则争论，他亲至江、浙农村调查，如实向中央报告。毛泽东将其报告批转全国，并提倡调查研究的工作方法。"大跃进"年代，王观澜至河北省徐水一带视察，上书中央指出"浮夸是万恶之源，欺骗是害人之本"，受毛泽东称道。中共第十一届三中全会后，王观澜被增补为第五届全国人大常委会委员，任国家农业部顾问组组长，为第二、三、四届全国政协委员。

王观澜至年逾古稀，仍积极至农村调查研究。1979年下半年，他到陕北革命老根据地12个县调查，1980年春末夏初，还到上海及江苏、浙江、福建、江西等省市作社会调查。1981年9月，王观澜带领一个工作组到河北保定、安国、博野等地连续考察了两个多月，并亲自起草调查报告，11月底赶回北京，参加五届全国人大四次常委会议。会后，长期辛苦工作，身体极度疲乏的王观澜病倒了，不幸于1982年1月19日在北京病逝。

王观澜为党、为人民、为革命事业奋斗，是久经考验的共产主义战士、无产阶级革命家、中国共产党的优秀党员、我党最早从事农业运动和土地革命的领导之一。

一、要素分解

（一）物质要素

王观澜故居

王观澜故居坐落于浙江省台州市临海市紫阳街436号，"奉仙坊"防火墙下目前留存五间房屋，新中国成立后，王观澜任农业部党组书记兼副部长，国务院农林办公室副主任等职。

（二）精神要素

1.求真务实、坚持真理的品格

王观澜前往江西中央苏区工作，任中共闽粤赣特委、代理宣传部部长，主编特委机关报《红旗报》，并兼任闽粤赣军区政治部、宣传部部长。在毛泽东的直接领导和教育下，他坚持面向工农大众办报的正确方向，以坚持真理、修正错误的斗争精神开展批评和斗争，为开创苏区新闻事业的新局面、丰富苏区干部好作风的内涵和苏区精神的形成作出巨大贡献，体现了他求真务实，坚持真理的品格。

2.舍己为公的献身精神

在长征期间，王观澜落下了很严重的肠胃病，身体一直很虚弱，再加上到陕北后工作繁忙，过度操劳，经常犯病，但是王观澜总说："一点小病用不着如此麻烦。"他不顾病情不断加重，仍坚持工作，体现了他舍己为公的献身精神。

3.实事求是、躬行实践的精神

王观澜注重调查研究，具有实事求是、躬行实践的精神品质。当党内在农业合作化问题上发生原则争论时，他亲至江、浙农村调查，如实向中央报告。在"大跃进"年代，王观澜又至河北省徐水一带视察，上书中央指出"浮夸是万恶之源，欺骗是害人之本"，受毛泽东称道。1979年至1981年，他到陕北、上海、江苏、浙江、福建、江西、河北考察，并亲自起草调查报告。

二、核心基因提取与评价

基于对材料的全面、深入分析，可将本文化元素的核心基因表述为"求真务实、坚持真理的品格""舍己为公的献身精神""实事求是、躬行实践的精神"。

临海王观澜故居核心文化基因评价依据

评价项目	评价因子	评价依据（特点）	是否
生命力评价	文化基因存续的时间	自出现起延续至今，未曾明显中断	√
		自出现起延续至今，但多次衰微、中断后复兴	
		曾明显衰败，改革开放后开始复兴或历史溯源关键环节缺失，难以考证	
		文化形态主体已灭失，现存部分痕迹	
	文化基因的稳定性	在发展过程中保持相当稳定的状态	√
		在发展过程中存在明显的精神内涵、表现形式剧变	
凝聚力评价	文化基因的凝聚力及社会动员效果	曾广泛凝聚起区域群体的力量，显著推动过社会经济文化的发展	√
		曾部分凝聚起区域群体力量，对社会经济文化的发展产生过影响	
		凝聚过力量，创造过实际的发展动能，但未见对社会经济文化发展产生显著改变	
		仅在历史文献或口耳相传中存在，未见实际介入社会经济发展	

评价项目	评价因子	评价依据（特点）	是否
影响力评价	辐射的范围	具有全国性、世界性的影响力	√
		具有长三角区域、浙江省影响力	
		具有市县、乡镇影响力	
	提炼的高度	已经被古代文人士大夫和当代学者提炼为精神符号和理念理论	√
		单纯的样式、造型、工艺技术规范	
发展力评价	与当代精神追求和价值观念的契合	传统文化基因得到创造性转化、创新性发展；区域革命文化基因被完整继承、广泛弘扬；区域社会主义先进文化基因成为与浙江"三个地"相适应的文化高地	√
		部分转化、部分弘扬、部分发展	
		难以转化、难以弘扬、难以发展	
说明：基因特点评价是对解码出来的基因，根据本《导则》表2的要求，围绕"四个力"逐一对表打"√"，进行定性表述			

（一）生命力评价

"求真务实、坚持真理的品格""舍己为公的献身精神""实事求是、躬行实践的精神"是王观澜同志精神品格的总结，在他在苏区开展报业工作、参与红军长征、实地参与农村调查研究过程中形成、体现的，广为流传，深入人心。三大核心基因随着这些故事的流传而延续至今，未曾明显中断，保持相当稳定的状态。

（二）凝聚力评价

"求真务实、坚持真理的品格""舍己为公的献身精神""实事求是、躬行实践的精神"作为核心文化基因，曾广泛凝聚起区域群体的力量，显著推动过社会经济文化的发展。在三大核心基因的影响下，王观澜同志开创了苏区新闻事业的新局面、引导苏区干部形成了良好的工作作风和苏区精神，也为红军长征以及扑灭"大跃进"时期浮夸、欺骗的风气做出了巨大的贡献。

（三）影响力评价

"求真务实、坚持真理的品格""舍己为公的献身精神""实事求是、躬行实践的精神"作为核心文化基因具有全国性的影响力。王观澜在江西中央苏区工作，任中共闽粤赣特委、代理宣传部部长、闽粤赣军区政治部、宣传部部长，开创了苏区新闻事业的新局面、丰富了苏区干部好作风的内涵和推动了苏区精神的形成；在红军长征期间，王观澜不顾病情仍坚持工作，做出了卓越贡献。当党内在农业合作化问题上发生原则争论时，他亲至江、浙农村调查，如实向中央报告。至年逾古稀，他仍积极至农村调查研究，足迹遍布陕北、上海、江苏、浙江、福建、江西、河北。王观澜所到之处、所从事的工作领域都留下了他的精神印记，影响了一代又一代的人。

（四）发展力评价

"求真务实、坚持真理的品格""舍己为公的献身精神""实事求是、躬行实践的精神"作为核心文化基因与当代精神追求和价值观念的契合，具有重要的教育意义和学习价值，应当完整继承、广泛弘扬。

三、核心基因保存

"求真务实、坚持真理的品格""舍己为公的献身精神""实事求是、躬行实践的精神"是临海王观澜故居的核心基因，其资料保存如下：文字《王观澜》《王观澜同志的一生》等文字资料保存于临海市文化基因解码调查组资料库；《王观澜故居》《王观澜照片》等20项图片资料保存于临海市文化基因解码调查组资料库；视频资料《探访王观澜故居》保存于临海市文化基因解码调查组资料库；实物材料王观澜故居位于临海市紫阳街。

龙兴寺

台州府城　临海文化基因

龙兴寺

　　龙兴寺位于临海灵江之畔，巾山西麓。该寺始建于唐神龙元年（705），初名"神龙寺"，次年改名"中兴"，景龙三年（709）复改名"龙兴"，开元二十六年（738），又改名"开元"，距今已有近一千多年的历史。

　　唐天宝年间，鉴真大师六次东渡扶桑弘法，在其第四次东渡日本前，曾住锡于此。龙兴寺高僧思托随鉴真六次东渡，协助大师创建了举世闻名的日本国唐招提寺，并亲撰《大唐传戒僧名记大和尚鉴真传》。鉴真圆寂后，思托还制作了鉴真干漆夹苎座像。思托在日本传播律宗的同时，积极弘扬天台宗教义，并为天皇以下40人受戒，为后来日僧入唐求法打开了大门。

唐贞元二十年（804），日僧最澄与弟子译语僧义真入唐求学，恰逢天台山修禅寺座主道邃大师在龙兴寺讲授《摩诃止观》，于是参谒道邃禅师，驻锡龙兴学习天台宗教法，并在寺之极乐净土院受菩萨戒。

最澄回国后以京都比睿山为中心创立了日本天台宗教派。天台宗后来成为日本平安时代社会和思想文化领域影响最大的佛教宗派之一，一度被称为"日本文化之母"。后代历朝，又有日僧圆珍、荣西、成寻、奝然等先后入龙兴寺求学或登天台山求法，成为天台宗高僧。在平安后期和镰仓时代，日本诸多新佛教宗派中的教祖都是日本天台宗的学僧。因此，龙兴寺是日本天台宗的祖庭之一，在中日佛教文化交流史上占有重要地位。

唐宋以来，龙兴寺历经多次水灾、火灾，最终于抗战时期被日军轰炸而彻底毁坏，仅留始建于唐代的千佛塔。该塔亦年久失修，毁损严重。20世纪80年代，由临海市有关部门牵头对龙兴寺进行重建、修复，终使这一千古名寺重现在人们面前。

新建后的龙兴寺为仿唐建筑，从南向北为中轴线布局，分为三个院落。第一院落包含山门、放生池、大殿，第二个院落为千佛塔院，第三院落为楼厢房、斋堂，此外还有观音殿、鉴真殿、钟楼等。大殿内有紫铜塑的主佛三世尊，两旁为罗汉，殿内的佛像均造型逼真、栩栩如生。

千佛塔院的极乐净土院内有日本赠送的道邃大师、最澄大师的二尊坐像。钟楼内有一口钟，重达6吨，仿唐所制。从1999年修复至今，龙兴寺共接待海内外游客30余万人次，省旅游局已把临海龙兴寺评为全省佛教五大寺院之一。

一、要素分解

（一）物质要素

1.造型优美的千佛塔

千佛塔位于龙兴寺内，又名多宝塔，始建于唐天宝三年（744）。现存塔身系元大德三年（1299）重建。1976年，千佛塔曾作维修，将因毁坏而呈不规则状的塔顶改成攒尖顶，但未按照原状复原。1999年，政府再次对塔进行维修，将塔顶恢复成原状。如今的千佛塔共七级六面，砖木混砌楼阁式，其内中空，单壁筒状结构。塔经修缮后高约30米，脚边长3.66米，对角径7.12米，塔内空径1.8米。从第一级起，每层都设有一个"壶门"。从第二层开始，每级每面除"壶门"外，均设有壁龛，至七层，每层高约4.17米，构造略有不同，壁龛中的佛像砖数量也有少许差异，因之每层佛像砖数量不尽一致，少则一百三十八块（四层），多则一百八十七块（六层），全塔共计一千零三块。佛塔的建筑手法均采用石板出跳，颇为罕见，而比例准确、造型优美的塔砖佛像，更是这多宝塔的荣光体现。

2.仿唐风格的寺庙建筑群

龙兴寺以仿唐建筑风格建造，从南向北为中轴线布局，分为三个院落。第一院落为山门、放生池、大殿，第二个院落是千佛塔院，第三院落包含楼厢房、斋堂，此外还有观音殿、鉴真殿等。寺庙建筑体量庞大，文物遗迹数量多，具有重要的历史价值。

（二）精神要素

1.文化交流、文明互鉴的发展理念

唐天宝年间，鉴真大师六次东渡扶桑弘法，在其第四次东渡日本前，曾住锡于此，他"四渡造舟，五次入海"，"始终六渡，经逾十二年"。龙兴寺寺僧思托随鉴真第六次东渡日本九州后，协助鉴真大师创建了举世闻名的日本国唐招提寺，并亲撰《大唐传戒僧名记大和尚鉴真传》。鉴真圆寂后，思托还制作了鉴真干漆夹苎座像。思托在日本传播律宗的同时，积极弘扬创立于台州的天台宗教义、并为天皇以下40人受戒，这为后来日僧入唐求法打开了大门。贞元间，日僧最澄入唐求学，驻锡龙兴149天，研习天台教观，并受菩萨戒，回国后创立日本天台宗教派。后代历朝，有日僧圆珍、荣西、成寻、奝然等先后到来求学、交流。因此，自唐以来，龙兴寺就是中日文化交流互鉴的重要场所，见证了中日两国友好的历史。

2.慷慨友善的大国气度

唐贞元二十年（804），最澄经日本天皇的批准，率弟子义真等，随日本第十二次遣唐副使石川道益抵中国。九月二十六日他来到临海，谒见台州刺史陆淳。时天台十祖道邃大师正应陆淳之请在龙兴寺开讲天台教义，最澄乃从之学《摩诃止观》。后来最澄前往天台山至国清寺和佛陇求学。随后又从道邃和行满研习天台教观。道邃于龙兴寺西厢极乐净土院内亲手为最澄授菩萨戒。最澄回国时，带去《法华经》等章疏一百二十八部、三百四十五卷，还携回王羲之等名家碑帖拓本十七种。陆淳、道邃、行满的慷慨相助、无私传授，充分体现了我国对领邦的诚挚情谊和慷慨的大国气度。

（三）制度要素

院落式的建筑布局

龙兴寺布局严格分明，现共分为三个院落：第一院落是山门、放生池、大殿；第二院落是千佛塔；第三院落是厢房、斋堂。此外还有观音殿、钟楼等。整体建筑结构为仿唐建筑，走在寺院中，大殿庄严小院古朴，飞檐翘角，尽是唐朝遗风。

（四）语言和象征符号

庄严典雅的佛像造型

千佛塔佛像造型头大身小，颈部较短，躯干挺拔，健劲有力度，底下莲座较低矮，呈大梯形，莲瓣多宽肥，朴素无纹。六面体的塔身上，每一面都整齐地镶嵌着浮雕佛像，迎面望去，十一尊一排，自下而上四排，共四十四尊仪态大方的坐姿佛像，盘膝交腕，结跏趺坐，其神态恰似《楞严经》中"胜妙殊绝，形体映彻，犹如琉璃，常自思惟"之状。

二、核心基因提取与评价

基于对材料的全面、深入分析，可将本文化元素的核心基因表述为"仿唐风格的寺庙建筑群""文化交流、文明互鉴的发展理念""慷慨友善的大国气度"。

龙兴寺核心文化基因评价依据

评价项目	评价因子	评价依据（特点）	是否
生命力评价	文化基因存续的时间	自出现起延续至今，未曾明显中断	√
		自出现起延续至今，但多次衰微、中断后复兴	
		曾明显衰败，改革开放后开始复兴或历史溯源关键环节缺失，难以考证	
		文化形态主体已灭失，现存部分痕迹	
	文化基因的稳定性	在发展过程中保持相当稳定的状态	√
		在发展过程中存在明显的精神内涵、表现形式剧变	
凝聚力评价	文化基因的凝聚力及社会动员效果	曾广泛凝聚起区域群体的力量，显著推动过社会经济文化的发展	√
		曾部分凝聚起区域群体力量，对社会经济文化的发展产生过影响	
		凝聚过力量，创造过实际的发展动能，但未见对社会经济文化发展产生显著改变	
		仅在历史文献或口耳相传中存在，未见实际介入社会经济发展	

评价项目	评价因子	评价依据（特点）	是否
影响力评价	辐射的范围	具有全国性、世界性的影响力	√
		具有长三角区域、浙江省影响力	
		具有市县、乡镇影响力	
	提炼的高度	已经被古代文人士大夫和当代学者提炼为精神符号和理念理论	√
		单纯的样式、造型、工艺技术规范	
发展力评价	与当代精神追求和价值观念的契合	传统文化基因得到创造性转化、创新性发展；区域革命文化基因被完整继承、广泛弘扬；区域社会主义先进文化基因成为与浙江"三个地"相适应的文化高地	√
		部分转化、部分弘扬、部分发展	
		难以转化、难以弘扬、难以发展	

说明：基因特点评价是对解码出来的基因，根据本《导则》表2的要求，围绕"四个力"逐一对表打"√"，进行定性表述

（一）生命力评价

龙兴寺始建于唐神龙元年，历经水灾、火灾、战争，不断重建，延续至今，并作为天台宗祖庭和中日佛教文化交流的重要场所载入史册。其核心基因"仿唐风格的寺庙建筑群"自20世纪80年代重建后一直保存至今，"文化交流、文明互鉴的发展理念""慷慨友善的大国气度"通过历史的记载、传承、解读亦得以保存，三大文化基因均保持了稳定的状态。

（二）凝聚力评价

龙兴寺见证了鉴真东渡、日僧入唐求学等重要历史事件，对当地的佛教事业和中日佛教文化交流的发展做出了巨大贡献。

其核心基因"仿唐风格的寺庙建筑群"是地方宗教文化的核心建筑物，"文化交流、文明互鉴的发展理念""慷慨友善的大国气度"在历史上推动了我国佛教天台宗的传播和日本佛教事业的发展，可以说三大核心基因广泛凝聚起了区域群体的力量，显著推动过社会经济文化的发展。

（三）影响力评价

日僧最澄回国后创立了日本天台宗教派，该宗派后来成为日本平安时代社会和思想文化领域影响最大的佛教宗派之一，甚至被称为"日本文化之母"，而龙兴寺是日本天台宗祖庭之一，其影响力不可小觑。作为其核心基因，"仿唐风格的寺庙建筑群"是国内外佛教活动的重要载体，"文化交流、文明互鉴的发展理念""慷慨友善的大国气度"则作为精神符号在中日交流史上发挥着重大作用，固然具有国际性的影响力。

（四）发展力评价

佛教是当代世界三大宗教之一，自古在中外文化交流中发挥着重要作用。日本是中国隔海相望的近邻，在古代中日交往和文化交流中，佛教曾占据重要地位，发挥过纽带和桥梁的作用。日本的佛教源自中国，与中国佛教有着亲近的血缘关系，因此两国佛教界长期以来有着频繁友好交往的历史。当前，我国已进入中国特色社会主义的新时代，佛教界在党和政府的领导下正顺应时代继续发展。结合世界多极化、经济全球化、文化多样化和社会信息化的世界形势，积极联合日本佛教界各个宗派、组织和友好团体、人士，开展形式多样的友好交往活动，有利于维护亚洲和世界的和平、促进中日两国和人民之间的合作、发展。因此，"仿唐风格的寺庙建筑群""文化交流、文明互鉴的发展理念""慷慨友善的大国气度"与当代精神追求和价值观念相契合，具有创新性转化、创造性发展的巨大潜力。

三、核心基因保存

"仿唐风格的寺庙建筑群""文化交流、文明互鉴的发展理念""慷慨友善的大国气度"作为龙兴寺的核心基因,其资料保存情况如下:

《临海龙兴寺在中日佛教交流史上的地位》《龙兴寺》《日本佛像与龙兴寺渊源》等文字资料保存于临海市文化基因解码调查组资料库,另外,出版物和古文古籍有《台州刺史陆淳之印记文》《传教大师将来台州录》《传教大师将来越州录》《传教大师全集》《睿山大师传》《旧唐书·中宗纪》。

《龙兴寺》等 20 项图片资料保存于临海市文化基因解码调查组资料库。

《龙兴寺》视频保存于临海市文化基因解码调查组资料库。

龙兴寺、千佛塔位于临海城内巾山西麓。

细吹亭

台州府城　临海文化基因

细吹亭

　　细吹亭是台州府城临海闹元宵时最受古城百姓喜爱的一项民间艺术，为临海独创，因亭子造型古朴华丽、制作精巧且行游时伴有清丽婉转、精致典雅的江南丝竹而起名"细吹亭"。据19世纪80年代临海县文化馆普查，细吹亭距今约有150多年历史，为光绪年间杨月梧组织的"昭德社"成员张晓山率先发起，后来亦有"成文社""近圣社"等词调集社从事细吹亭的制作。

　　细吹亭的结构分上、中、下三层。红木精雕细镂，额以社名，底盘有四腿虎脚落地,四面雕龙狮图。细吹亭中间是四面(或八面)花窗,窗两边是琉璃片,四边书有四副对联,以示吉祥如意。四面窗楣有四条精雕的金龙,神态如生。中挂气灯一盏,下有檀香熏炉一只,出游时,檀香薰燃,芳香缭绕。上部为顶架,用真丝绣成丹凤牡丹图,四角挂十六盏明珞灯,并张挂绣有芝兰芳草或山水人物的锦锻霞帔。

每逢台州府(临海)正月十四日元宵之夜,各种花灯、民间艺术、杂耍艺人、特色小吃全集中在府城道司里校场,俗称"十四夜闹花灯"。校场中不但有大、中、小型的鳌山、宝船、金猴、狮子、龙、楼台亭阁等造型花灯,更有独具临海特色的锣鼓亭、闹皇船、高跷、花鼓、莲花落、汇溪抬阁、腰鼓、秧歌等,热闹异常。巡游一般是晚上九点开始,队伍总是从道司里校场出发,经千米紫阳街到揽秀楼,至江厦街(兴善门外)才结束,道路两旁观众如云,土铳隆隆,人声鼎沸,热闹非凡,古城万人空巷。

细吹亭是闹元宵时的压轴节目。当舞龙舞狮高跷台阁、鞭炮焰火过去后,古朴华丽、玲珑剔透的细吹亭出场了。一组清丽婉转的词调音律,自远而近,玲珑剔透的仙阁琼台姗姗来迟,悦目又悦耳,与刚过去的铿锵热烈活动形成反衬,体现出一张一弛、亦紧亦松的地方民乐文化。

细吹亭出游时,由四人或八人抬杠,穿中式对襟镶边服装,配有一支丝竹小乐队,有二胡四把、京胡二把、笙二支、横笛二支、洞箫二支、碰钟二副、琵琶一把、扬琴一架、三弦二把,乐师一般为十八人左右。乐队人员男的穿绸缎长衫马褂,女的则穿拖地长裙和宽袖上衣。细吹亭的伴奏擅长演奏柔婉秀丽的抒情乐曲,也演奏一些活泼轻快的乐曲,因而将此亭称作细吹亭,与同期流传在台州府城及乡镇的民间音乐艺术粗乐"锣鼓亭"形成鲜明的对比。

清朝以前,亭子规模较小。清末以后,随着生产力水平的提高,细吹亭从小亭改为大亭。大亭约2公尺高,宽约1.1公尺,亭顶由斜坡尖顶改为平顶。亭子用一般用木料做框架,布料做锦罩。前面是牌头,中间为细吹亭,后面跟着七八人或十多人的乐队。到20世纪80—90年代,乐队扩大到20多人。民国初期,当时台州府里的词调、丝竹演唱演奏的社团先后涌现，主要有昭德社、成文社、近圣社、风韵社、逍遥社、薰风社、易风社等，入社成员有近百人，多数社员以演唱词调为主，而近圣社则以演奏细吹亭的江南丝竹为主。当时的近圣社、成文社各自都制作了细吹亭。

新中国成立以后，党和政府十分重视人民群众的文化生活。20 世纪50 年代即先后恢复了细吹亭、锣鼓亭、词调等民间艺术的活动，细吹亭演奏者已经形成了新老结合的格局，候正华、徐罗南、罗连星等一批新艺人已脱颖而出。

20 世纪 80 年代，细吹亭恢复了巡演。1981 年，城关文化站陈大法同志精心设计了一个式样新颖、用料考究、制作精美的新细吹亭。2000 年后，细吹亭除在传统节日中进行巡游外，还多次参加临海"江南长城节"（又名古城文化节）、台州市元宵踩街等大型活动，受到广大市民的喜爱。2006 年被台州市人民政府、临海市人民政府分别列入首批非物质文化遗产代表作名录。2008 年 3 月，台州府（临海）正月十四夜灯会被确定为浙江省首批民族传统节日保护基地。

一、要素分解

（一）物质要素

1. 结构精巧的彩亭

细吹亭用红木精雕细镂，底盘有四腿虎脚落地，四面雕龙狮图。亭子中间是四面（或八面）花窗，窗两边是琉璃片，四边书有四副对联，以示吉祥如意。四面窗楣有四条精雕的金龙，神态如生。中挂气灯一盏，下有檀香熏炉一只，出游时，檀香薰燃，芳香缭绕。上部为顶架，用真丝绣成丹凤牡丹图，四角挂十六盏灯，并张挂绣有芝兰芳草或山水人物的锦锻霞帔。整个亭子的造型呈现出精致华丽的造型特征。游行之时灯火通明，流光溢彩，引得游人驻足观赏，流连忘返。

2. 丰富多样的演出道具

细吹亭出游时，由四人或八人抬杠，穿中式对襟镶边服装，配有一支丝竹小乐队，有二胡四把、京胡二把、笙二支、横笛二支、洞箫二支、碰钟二副、琵琶一把、扬琴一架、三弦二把，乐师一般为 18 人左右。乐队人员男的穿绸缎长衫马褂，女的则穿拖地长裙和宽袖上衣。

（二）制度要素

1.中和典雅的曲调风格

"细吹亭"的器乐演奏具有清丽柔婉典雅细腻的"中和之美"，这是因为它是"江南丝竹"的表演形式之一。"江南丝竹"素以"涵养性情、荡涤邪秽"为奏乐宗旨，在曲笛、洞箫、笙、二胡、琵琶、小三弦、扬琴等乐器的合奏之中，自然而然地流露出一种细而不腻、轻而不浮的"中和典雅"之美。"细吹亭"所用的乐器也与江南丝竹大体相同，它们的齐奏就能表现出"细、小、轻、雅"之美。所谓"细"就是指旋律细腻且多在演奏中进行即兴加花；所谓"轻"，就是指乐曲格调活泼轻快；所谓"小"就是指齐奏的乐队是小型乐队；所谓"雅"，是指乐曲的格调、情趣是优美典雅的。此外，"细吹亭"的器乐演奏也是以"江南丝竹"曲目为主。

2.丰富多彩的曲目

细吹亭的器乐演奏以"江南丝竹"曲目为主，比如《霓裳曲》《梅花三弄》《六十四板》《娱乐升平》《步步高入》《拜新年》《思春诉怨》《无锡景》《将军令》等。另外，它也吸收了"临海词调"的部分传统曲牌，如《平和》《男工》《女工》等。"临海词调"唱腔素以细腻柔美、婉转著称，故而从审美风格角度来说，这些曲牌是同"江南丝竹"曲目相一致的。

（三）语言和象征符号

1.对比鲜明的艺术手法

细吹亭的"细"字有两重含义，一是说"细吹亭"所用乐器为"细乐乐器"，二是说这些"细乐乐器"所演奏出的乐曲旋律是细腻的。就乐器来说，从南宋时起即有"细乐"之名。如吴自牧《梦粱录·妓乐》"大凡动细乐，比之大乐，则不用大鼓、杖鼓、羯鼓、头管、琵琶等，每只以箫、笙、筚篥、嵇琴、方响，其音韵清且美也"。可见，"细吹亭"所用的乐器同南宋时的细乐乐器是大体相同的，可以说继承了"细乐"的传统。在临海民间，还有一种"锣鼓亭"被称为"粗乐"。因此，辨别"细"与"粗"的主要标准就是看所用乐器是锣、鼓、铙、钹等打击乐器，还是笙、箫、笛、琶、胡琴等管弦乐器。热烈、喧闹的打击乐被称为"粗"，吹管、丝弦等乐器避免了打击乐的喧闹之声，带来一种文静的、"清且美"的听感，故而被称为"细乐"。在正月十四闹元宵活动中，细吹亭出现于所有喧闹的演艺活动之后，以形成视觉的动静对比和乐音的粗细对比。

2. 以级进、平进为主的演奏旋律

首先，细吹亭所奏曲目的旋律以级进、平进为主，跳进为辅。如《霓裳曲》《梅花三弄》《六十四板》等乐曲，其旋律发展手法都以级进、平进为主，辅助性的跳进通常被控制在五度以内，基本没有五度以上的大跳。这一点在《霓裳曲》的"皎月当空"乐段表现得淋漓尽致。该段中有大量的"商—角—商—宫""宫—商—角—商"等级进性的旋律，也有大段的二分音符宫音、二分音符商音的平进旋律，在其间穿插一些"羽—徵—羽—宫"这样兼有跳进的旋律类型。大量的级进使旋律显得非常细腻，而穿插的小三度跳进又令旋律变得活泼起来。如此，级进平进与跳进有机结合，令旋律变得既细腻又活泼，充满了轻快、典雅的意趣。其次，"细吹亭"乐曲在实际演奏中，又惯用江南丝竹特有的旋律发展手法来增强旋律的灵活性和细腻感。以《霓裳曲》的"皎月当空"乐段为例，在二分音符宫音的平进中嵌入了"宫—商—角—商"的级进旋律；在二分音符商音的平进中嵌入了"商—角—商—宫"的级进旋律。两者都构成了支声性复调织体，顿然使得旋律细腻、生动起来。

（四）精神要素

1. 礼乐教化、寓教于乐的思想

细吹亭是临海礼教文化的一部分，通过娱乐的形式，将高深的礼教思想观念融入其中，实现教化民众的作用。

2. 自娱自乐，普天同乐的理念

细吹亭在每年元宵等节庆娱乐时间呈现在观者面前，是重要的民间娱乐方式。

二、核心基因提取与评价

基于对材料的全面、深入分析，可将本文化元素的核心基因表述为"结构精巧的彩亭""中和典雅的曲调风格""对比鲜明的艺术手法""礼乐教化、寓教于乐的思想""自娱自乐，普天同乐的理念"。

细吹亭核心文化基因评价依据

评价项目	评价因子	评价依据（特点）	是否
生命力评价	文化基因存续的时间	自出现起延续至今，未曾明显中断	√
		自出现起延续至今，但多次衰微、中断后复兴	
		曾明显衰败，改革开放后开始复兴或历史溯源关键环节缺失，难以考证	
		文化形态主体已灭失，现存部分痕迹	
	文化基因的稳定性	在发展过程中保持相当稳定的状态	√
		在发展过程中存在明显的精神内涵、表现形式剧变	
凝聚力评价	文化基因的凝聚力及社会动员效果	曾广泛凝聚起区域群体的力量，显著推动过社会经济文化的发展	
		曾部分凝聚起区域群体力量，对社会经济文化的发展产生过影响	
		凝聚过力量，创造过实际的发展动能，但未见对社会经济文化发展产生显著改变	√
		仅在历史文献或口耳相传中存在，未见实际介入社会经济发展	

台州府正月十四日元宵之夜，古城内人声鼎沸，万人空巷，争相观看细吹亭。因此细吹亭是临海地区民间娱乐、节庆活动的重要组成部分，作为其核心基因，"结构精巧的彩亭""中和典雅的曲调风格""对比鲜明的艺术手法""礼乐教化、寓教于乐的思想""自娱自乐，普天同乐的理念"在很大程度上推动了当地社会民俗文化的发展。

（三）影响力评价

细吹亭是临海地区独具特色的民俗文化活动，在台州临海地区内具有较强的影响力，近年来，细吹亭除在传统节日中进行巡游外，还多次参加临海"江南长城节"、台州市元宵踩街等大型活动，受到广大台州市民的喜爱。因此，核心基因"结构精巧的彩亭""中和典雅的曲调风格""对比鲜明的艺术手法""礼乐教化、寓教于乐的思想""自娱自乐，普天同乐的理念"作为单纯的样式、造型、工艺技术规范，在台州市县范围内具有较强影响力。

（四）发展力评价

2006年，细吹亭被台州市人民政府、临海市人民政府分别列入首批非物质文化遗产代表作名录。2008年3月，台州府（临海）正月十四夜灯会被确定为浙江省首批民族传统节日保护基地，细吹亭作为传统节日的重要环节备受关注，在台州各地进行巡游演出，可见，在新时代，细吹亭具有良好的发展与引用前景。同时，作为细吹亭的核心基因，"结构精巧的彩亭""中和典雅的曲调风格""对比鲜明的艺术手法""礼乐教化、寓教于乐的思想""自娱自乐，普天同乐的理念"契合时代精神和价值观念，具有创新性转化、发展的前景。

三、核心基因保存

　　"结构精巧的彩亭""中和典雅的曲调风格""对比鲜明的艺术手法""礼乐教化、寓教于乐的思想""自娱自乐，普天同乐的理念"是细吹亭的核心基因，其资料保存如下：文字资料《故乡的细吹亭》《细吹亭》《走近细吹亭》等文字资料保存于临海市文化基因解码调查组资料库，另外出版物和古文古籍有《历史文化名城临海》；《精彩细腻的细吹亭》《细吹亭》等20张图片资料保存于临海市文化基因解码调查组资料库；《细吹亭纪录片》《细吹亭实拍》等视频资料保存于临海市文化基因解码调查组资料库；实物资料细吹亭的道具、乐器保存于临海市博物馆。

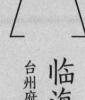

临海梅浦窑

台州府城　临海文化基因

临海梅浦窑

　　临海梅浦窑址位于临海市古城街道以西的山坡上，属斜坡式的长条形龙窑。它始于唐朝，窑群有11处之多，窑址遗物堆总面积约4万平方米，出土的器物造型精巧、别具一格，展现了当时窑工们高超的制瓷技艺和烧造技术。从堆积层中拣选的标本来看，器物以盘口壶为大宗，还有罐、瓶、钵、水注等。

　　梅浦窑址分布较广，由后门山、马里墩、凤凰山、岭下、里岙等多个点组成，具体来说，以王岸窑年代最早，后门山窑堆积最丰富，凤凰山窑质量最好。从出土形制来推测，王岸窑始烧于唐代晚期，胎骨坚硬，多呈灰色，釉质粗糙，釉色青中泛黄，微带褐色，釉层较厚，有流釉现象。后门山窑出土的器物多采用轮制方法，胎骨坚细，多呈白、灰白、青灰等色，多施青色薄釉，亦有少量施黑釉。器物多呈素面，饰刻划花的也不在少数。产品种类有碗、盘、杯、罐、壶等物。此外，梅浦窑出土的残片还有粉盒、执壶、小盏、茶盏、熏炉等。窑具可分装烧和垫烧两大类，装烧类中有凹底匣钵、钵形匣钵，垫烧类有垫圈、垫饼、垫柱等。

近年来，梅浦窑的凤凰山窑址在公路建设时又出土一些窑址瓷片，瓷片之精致，和此前迥然不同。这些瓷片虽多是碎片，但大致能看得出属五代至北宋时期，其釉色呈青灰或青绿，素雅而明净，瓷质细密结实。同时，这些瓷片胎质细密如玉，制作规整灵秀，装饰技法有刻、划、刻划并用、镂空刻划等，技艺娴熟流畅，极为精巧细致。瓷片上的纹饰有荷花、牡丹、莲瓣、缠枝花草、龙凤、蝴蝶及飞鸟人物等，釉面青翠水亮，与秘色无异。

从各个阶段的标本来看，梅浦窑前期烧制的瓷器以民用与贸易为主，五代、北宋以后逐渐转向清秀、典雅的艺术品制作风格。临海梅浦窑址于1983年4月公布为县级文物保护单位。

一、要素分解

（一）物质要素

1. 优质的黏土资源

梅浦窑址地处灵江南岸，这里的泥土质地细腻，黏性极佳，是烧制陶瓷最理想的材料，周边又有大量柴火可就近斫取，可以说是占据了得天独厚的资源。同时，来自东海的潮涨潮落会经梅浦码头，因此，梅浦窑兼具了通往陆路和海上的交通运输优势。

2. 规模宏大的窑址

临海梅浦窑址位于临海市古城街道以西，窑群有 11 处之多，窑址遗物堆总面积约 4 万平方米，基本保存完好。

（二）精神要素

精益求精的匠人精神

梅浦窑出土的瓷器，体现出制作匠人高超的制瓷、制釉技艺以及他们精益求精的匠人精神。梅浦窑瓷器釉色有青灰或青绿，颜色素雅而明净，瓷质细密结实。釉子下胎体上的刻纹划花极为精细，花纹制作规整灵秀，运用了刻、划、刻划并用、镂空刻划的技艺，其中以刻划最为多见，技艺娴熟流畅。所作纹饰有荷花、牡丹、莲瓣、缠枝花草、龙凤、蝴蝶及飞鸟人物等。

（三）制度要素

1. 特殊的釉料配方

梅浦窑特殊的釉料配方，使得瓷器外表如冰似玉，釉面晶莹润泽，如宁静的湖面一般清澈碧绿，更因这种釉色专用于皇家瓷器的烧造，配方秘不外宣，时人又称之为秘色瓷。

2. 娴熟流畅、精巧细密的刻划技巧

临海凤凰山窑所出瓷片正为梅浦窑，为当前所发现者中最为精美，其胎体轻薄致密、制作规整，釉面紧致，纯净静谧。装饰技法有刻、划、刻划并用、镂空刻划等，以刻划花最为多见，刻划技巧极为精巧，所作纹饰有荷花、蝴蝶、牡丹、莲瓣、缠枝花草、飞鸟人物等，器物极为工丽，颇具审美价值。

（四）语言和象征符号

精美的刻纹划花图形

梅浦窑瓷器胎体上的刻纹划花如同石碑上的线刻，非常的精细。最为精美者，细密如玉，规整灵秀，装饰技法有刻、划、刻划并用、镂空刻划等，以刻纹划花最为多见，技艺娴熟流畅，极为精巧细致。

二、核心基因提取与评价

基于对材料的全面、深入分析，可将本文化元素的核心基因表述为"优质的黏土资源""精益求精的匠人精神""特殊的釉料配方"。

临海梅浦窑核心文化基因评价依据

评价项目	评价因子	评价依据（特点）	是否
生命力评价	文化基因存续的时间	自出现起延续至今，未曾明显中断	√
		自出现起延续至今，但多次衰微、中断后复兴	
		曾明显衰败，改革开放后开始复兴或历史溯源关键环节缺失，难以考证	
		文化形态主体已灭失，现存部分痕迹	
	文化基因的稳定性	在发展过程中保持相当稳定的状态	√
		在发展过程中存在明显的精神内涵、表现形式剧变	
凝聚力评价	文化基因的凝聚力及社会动员效果	曾广泛凝聚起区域群体的力量，显著推动过社会经济文化的发展	
		曾部分凝聚起区域群体力量，对社会经济文化的发展产生过影响	√
		凝聚过力量，创造过实际的发展动能，但未见对社会经济文化发展产生显著改变	
		仅在历史文献或口耳相传中存在，未见实际介入社会经济发展	

续表

评价项目	评价因子	评价依据（特点）	是否
影响力评价	辐射的范围	具有全国性、世界性的影响力	√
		具有长三角区域、浙江省影响力	
		具有市县、乡镇影响力	
	提炼的高度	已经被古代文人士大夫和当代学者提炼为精神符号和理念理论	
		单纯的样式、造型、工艺技术规范	√
发展力评价	与当代精神追求和价值观念的契合	传统文化基因得到创造性转化、创新性发展；区域革命文化基因被完整继承、广泛弘扬；区域社会主义先进文化基因成为与浙江"三个地"相适应的文化高地	
		部分转化、部分弘扬、部分发展	√
		难以转化、难以弘扬、难以发展	
说明：基因特点评价是对解码出来的基因，根据本《导则》表2的要求，围绕"四个力"逐一对表打"√"，进行定性表述			

（一）生命力评价

临海梅浦窑址从唐朝至今，经1500多年的历史变迁，保留了窑群11处，遗物堆总面积约4万平方米，出土的器物造型精巧、别具一格，反映出当时窑工们高超的制瓷技艺和烧造技术。作为临海梅浦窑的核心基因，"优质的黏土资源""精益求精的匠人精神""特殊的釉料配方"随着梅浦窑的实物发掘和典籍记载得以延续，自出现起延续至今，未曾明显中断，且在发展过程中保持相当稳定的状态。

（二）凝聚力评价

梅浦窑早期烧制的瓷器主要用于民用与贸易，至北宋初期，吴越钱氏出于烧造贡瓷的特殊需要，促使了浙江越窑的发展提高，梅浦窑由于良好的生产条件和产品品质，分担了一部分越窑的生产任务，从而带动了当地贡瓷产业的发展。作为梅浦窑的核心基因，"优质的黏土资源""精益求精的匠人精神""特殊的釉料配方"广泛凝聚起当地群体的力量以发展制瓷业，显著推动了瓷器文化和制瓷经济的发展。

（三）影响力评价

北宋初期，梅浦窑是分担越窑制瓷任务的窑址之一，其产品是宫廷用秘色青瓷，因此其产品的实际影响力已扩大到国内。1993 年国际上九位古陶瓷专家组成的文化艺术团考察了临海梅浦窑出土瓷器标本后，认为这代表了当时陶瓷生产的最高水平，而且他们认为过去东亚国家出土的大量中国瓷器均是临海的产品。可见，梅浦窑瓷器继承了南朝台州窑的成就，远销海外，具有国际性的影响力。因此，作为梅浦窑的核心基因，"优质的黏土资源""精益求精的匠人精神""特殊的釉料配方"随着梅浦窑的发展和产品远销海内外，逐步形成了全国性、世界性的影响力。

（四）发展力评价

"优质的黏土资源""精益求精的匠人精神""特殊的釉料配方"作为梅浦窑的核心基因，其技艺与精神与当代精神追求、价值观念契合，具有创造性转化、创新性发展的巨大潜力。其中，"优质的黏土资源"为梅浦窑的重新发掘利用提供了基础物质条件，"特殊的釉料配方"是梅浦窑秘色瓷独特瓷釉的核心生产工艺，"精益求精的匠人精神"是梅浦窑留给后人的重要精神财富，与当代价值观相符。

三、核心基因保存

"优质的黏土资源""精益求精的匠人精神""特殊的釉料配方"作为临海梅浦窑的核心基因，其保存情况如下：

《临海梅浦窑青瓷》《重拾遗落在岁月里的那一握青绿—梅浦青瓷》等文字资料保存于临海市文化基因解码调查组资料库，另外，出版物和古文古籍有《中国陶瓷》。

《梅浦窑》图片资料20项保存于临海市文化基因解码调查组资料库。

《梅浦窑》视频资料保存于临海市文化基因解码调查组资料库。

梅浦窑址位于临海市境内。

缩山拳

台州府城　临海文化基因

缩山拳

缩山拳，是浙江南拳代表性拳种之一，也是浙江四大古拳之一，相传为元末浙东农民起义军领袖方国珍（台州黄岩人）所创。《明史》记载，方国珍"长身黑面，体白如瓠，力逐奔马"。明初诗文家宋濂，在为方国珍写的神道碑铭中，有"公出入阵中，所向辄披靡，桥左右讫不得成列，而岸上军又散北"等叙述，可见其人武艺超群。元至正八年，地方巡检带领十多个衙役到方家抓捕方国珍。方国珍兄弟二人吃饭，一见官兵到来，以饭桌为盾牌，门杠为兵器，击杀巡检众人。

战乱年代，方国珍拥浙东三地，厉兵秣马，注重三军将士的武艺。方国珍常年经营水军，又擅长山地作战，因军事上的需要，必须扩充兵源，提高单兵的作战能力，因此，他以实战为例，总结和创编了缩山拳。缩山拳以快捷短打为主，讲究实用性，被用以兵营训练项目并加以推广，军中以台州兵为多，故此拳多为台州人习练。后随着明王朝的建立，社会趋向稳定，方国珍的军队一部分被收编，另一部分被解散，因此缩山拳也被带回到了民间。几百年来，台州坊间十分流行练习缩山拳，使得缩山拳的发展和传承有了良好基础。明嘉靖年间，海盗叶牵活动猖獗，还买通福建水师，从越南一直到东海横行无敌，作恶多端。奉命训练水军剿灭叶牵的浙江水师提督李长庚到浙东沿海一带专门招收缩山拳练习者入伍，并打造与方国珍相同之战船，在舟山与叶牵对阵第一仗中就彻底将其剿灭，整个海盗船队只有叶牵一艘战船狼狈逃窜。名将戚继光在浙江抗倭期间大量吸纳缩山拳习练者，并在《拳经捷要篇》一书中阐述了缩山拳法的精要。

明清时期的朝廷在台州设辖兵过万，作沿海防御，其中台州"子弟兵"占主力，并采取"寓兵于农"的制度，台州军事武术与民间武术，相互渗透与交融。缩山拳在此间，得到充分发展，并对后世产生了深远影响。戚继光在兵书《纪效新书》中，提到临海武将刘恩至，称其打组合拳"犯了招架，便是十下之谓也"。据刘氏宗谱记载，刘恩至祖上，曾随方国珍为将。刘恩至本人自小习缩山拳，并于明嘉靖二十六年（1547）考取了丁未科武进士。

清朝嘉庆年间，海盗蔡牵在闽、浙沿海一带起事，清廷命浙江定海总兵李长庚讨伐之。李长庚在台州招募了不少深谙缩山拳的民众，此后数年，与蔡牵海战中，屡战屡捷。

历史上，缩山拳不仅在台州流传，还传播到了婺、绍、甬等地。随着社会环境的转变，作为冷兵器时代格斗术的缩山拳已退出了历史的舞台，而成为了民间武艺，防身健体成为社会上学习缩山拳的主要目的，并且开始专注运用武术提升个人的思想境界和内心修为。缩山拳就在此大趋势下也完成了最终的转变，此后，经过历代拳师的努力，缩山拳在形式和内容上更加丰富和成熟。20世纪30年代于杭州举办的全国国术大会上，47岁的缩山拳传承人表演一套缩山拳法。表演结束后，传承人在地面上留下深深印痕，全场惊叹如此沉稳有力的下盘功夫，随之爆以雷鸣般掌声。该拳种在台州地区流传甚广、影响较大，2017年被列为浙江省级非物质文化遗产名录。

一、要素分解

（一）物质要素

丰富的拳术类别与武器。缩山拳作为一个拳种，它有刀、棍、剑、钗等器械，尤其以棍、刀最为突出。其棍法，棍中藏枪夹掌，化拳为棍，又反握似枪，棍枪互换，连截带劈，横扫相连，自成一体。缩山棍，棍短者齐眉，长者略过于身，并以缩山步为主要步型，左右抢砸，连截带扫，抢前劈后，其基本幅度不大，利用空间小，最适合步战、船战和屋室之中施展。

（二）精神要素

1.注重实用和适应性的拳术理念

缩山拳可以坐着练、站着练、躺着练。它起源于军旅，宜于山地间、舟船上空间狭小处施展，所以练习缩山拳不挑场地，不用特地穿上练功服到广场上打拳。另外，缩山拳特点是以身带手，击中带缠，连续发劲，刚柔相济，这和太极拳相似，练习时把招式记下，日常闲暇就可以揣摩动作，进行练习。

缩山拳至今依然保留着旺盛的生命力，究其原因，是浙江一带依山傍水的地形特征使此拳法颇具实用性。台州地区尤其山多，水多，田埂多，空间狭小，缩山拳重心沉稳，出拳时以身带手，击中带缠，连续发劲，这种打法，很适应台州这一带的地形。

2.不断探索的创新精神

随着时代的发展，传统武术在形式与内容上也随之发生了变化，开始将习练的重心由怎样加强攻击性转变为注重提升个人的武艺，并逐渐把对道家及其易学思想的探索和思考，运用到武术的修习中来，武术练习变得更加富有独立性、普及性和发展性。缩山拳也在这种大趋势下，完成了从战需到民技的质变，并且经过历代拳师的探索与努力，缩山拳在形式和内容上变得更加丰富、更加创新，最终形成了一套完整的拳术系列。

（三）制度要素

1.严密完善的拳术体系

缩山拳共有 17 个套路，七十余个动作；功法以铁臂功、铁腿功、铁肋功等为主；动作和节奏明快，一招一式，刚劲有力，虚实分明；讲究出手快速准确，快去快回；劲力以弹、直、横、脆为主；拳术动作以批钩、金剪刀、穿花、肚切、蜻蜓点水等动作为主，其中尤以蜻蜓点水一式难度较大，且

最具特色；演练时马步批钩，突然腾空 360 度，左腿着地，右腿后撩，双臂侧展如蜻蜓双分翅，紧接右转 90 度，左腿不动，全身后仰，右腿向前弹点落地双手成扎头。此动作是模仿蜻蜓点水演化而来，对练习者的柔软、平衡、协调等能力起到良好的锻炼作用；主要手型是拳、掌、钩；步型腿法讲究三角马、四平马和子午马，以弹、蹬、铲、点、撩等腿法为主。缩山拳拳术体系简要而注重实用，在拳术教学培养中发挥了极大的作用。

2.以身带手，击中带缠的拳法特征

弟子们初学拳时，需先练功架拳——这是缩山拳的基础套路，包含手法、肘法及发力方法。这套功架拳，在台州各地都有所传习。许多人年少时学的拳法，其实正是缩山拳的功架套路。这是一种纯粹的进攻型拳法，出劲刚烈。如缩山肘、罗汉扫等招式，讲究硬砸硬打。缩山拳重心沉稳，出拳时以身带手，击中带缠，连续发劲。金庸笔下的雪山拳威力巨大，其实就是缩山拳，台州方言'雪'和'缩'同音，老百姓口口相传，这才传成了雪山拳。现尚有 14 种徒手套路、4 种器械套路。

二、核心基因提取与评价

基于对材料的全面、深入分析，可将本文化元素的核心基因表述为"注重实用和适应性的拳术理念""以身带手，击中带缠的拳法特征""严密完善的拳术体系"。

缩山拳核心文化基因评价依据

评价项目	评价因子	评价依据（特点）	是否
生命力评价	文化基因存续的时间	自出现起延续至今，未曾明显中断	√
		自出现起延续至今，但多次衰微、中断后复兴	
		曾明显衰败，改革开放后开始复兴或历史溯源关键环节缺失，难以考证	
		文化形态主体已灭失，现存部分痕迹	
	文化基因的稳定性	在发展过程中保持相当稳定的状态	√
		在发展过程中存在明显的精神内涵、表现形式剧变	
凝聚力评价	文化基因的凝聚力及社会动员效果	曾广泛凝聚起区域群体的力量，显著推动过社会经济文化的发展	
		曾部分凝聚起区域群体力量，对社会经济文化的发展产生过影响	√
		凝聚过力量，创造过实际的发展动能，但未见对社会经济文化发展产生显著改变	
		仅在历史文献或口耳相传中存在，未见实际介入社会经济发展	

评价项目	评价因子	评价依据（特点）	是否
影响力评价	辐射的范围	具有全国性、世界性的影响力	√
		具有长三角区域、浙江省影响力	
		具有市县、乡镇影响力	
	提炼的高度	已经被古代文人士大夫和当代学者提炼为精神符号和理念理论	
		单纯的样式、造型、工艺技术规范	√
发展力评价	与当代精神追求和价值观念的契合	传统文化基因得到创造性转化、创新性发展；区域革命文化基因被完整继承、广泛弘扬；区域社会主义先进文化基因成为与浙江"三个地"相适应的文化高地	√
		部分转化、部分弘扬、部分发展	
		难以转化、难以弘扬、难以发展	

说明：基因特点评价是对解码出来的基因，根据本《导则》表2的要求，围绕"四个力"逐一对表打"√"，进行定性表述

（一）生命力评价

缩山拳自诞生至今已有几个世纪，显现出了旺盛的生命力。究其原因，浙江一带依山傍水的地形特征，让此拳法颇具实用性，尤其是台州山多、水多、田埂多、空间狭小的地域特征特别适合缩山拳发挥作用。因此，"注重实用和适应性的拳术理念""以身带手，击中带缠的拳法特征""严密完善的拳术体系"等核心基因自出现起延续至今，未曾明显中断，在发展过程中保持相当稳定的状态。

（二）凝聚力评价

明清时期，朝廷在台州设辖兵过万作沿海防御，其中台州"子弟兵"占主力。缩山拳得到充分发展。清朝嘉庆年间，

海盗蔡牵在闽、浙沿海一带起事，清廷命浙江定海总兵李长庚讨伐之。李长庚在台州招募了不少深谙缩山拳的民众，此后数年，与蔡牵海战中，屡战屡捷。因此，缩山拳在台州抗倭历史上扮演了重要的角色，其核心基因"注重实用和适应性的拳术理念""以身带手，击中带缠的拳法特征""严密完善的拳术体系"广泛凝聚起了当地群体的力量，显著推动了社会经济文化的发展。

（三）影响力评价

历史上，缩山拳不仅在台州流传，还传播到了婺、绍、甬等地，天台、新昌的武师，称其为"雪山拳"，大抵因方言发音导致了字面不一，实际上是同一种拳法。因此，缩山拳的核心基因"注重实用和适应性的拳术理念""以身带手，击中带缠的拳法特征""严密完善的拳术体系"具有长三角区域、浙江省影响力。

（四）发展力评价

近年来，在缩山拳传承人马曙明先生的推广下，临海地区社会上缩山拳运动十分活跃，学生们十分喜爱这项既能强身健体又能防御的武术。同时，缩山拳被列入省非物质文化遗产名录，临海的不少小学开展了缩山拳的课程。马曙明先生经长期努力，创办了临海缩山拳社，国内从其学武的弟子有数千人，他们在全国各类武术、拳击、散打比赛中获得多项冠军。因此，作为缩山拳的核心基因，"注重实用和适应性的拳术理念""以身带手，击中带缠的拳法特征""严密完善的拳术体系"契合时代精神和价值观念，具有创造性转化、创新性发展的巨大潜力。

三、核心基因保存

　　"注重实用和适应性的拳术理念""以身带手，击中带缠的拳法特征""严密完善的拳术体系"是缩山拳的核心基因，其资料保存如下：文字资料《缩山拳》《缩山拳的发展史》等文字资料保存于临海市文化基因解码调查组资料库，另外，出版物和古文古籍有《中华武术》；《缩山拳招式》等16项图片资料保存于临海市文化基因解码调查组资料库；《缩山演示》等视频资料保存于临海市文化基因解码调查组资料库。

初一十五不过节

台州府城　临海文化基因

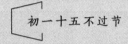

初一十五不过节

　　临海节日习俗的特点之一是初一、十五不过节，主要表现于四个节日——元宵节、中元节、中秋节及春节。元宵、中元、中秋三个节日的全国俗定时间是农历正月十五、七月十五和八月十五，是月中之节，而临海过此三节的时间分别为正月十四、七月十四（或十三）和八月十六，时间都提前或推后。

　　初一、十五不过节的原因没有确切记载，民间流传的说法也很多，主要包括几种：佛教说、孝子改节说、战事说和筑城说。

（一）佛教说

初一、十五不过节受民间佛教影响。唐末五代时期，唐武宗、周世宗先后发起灭佛运动，中国北方地区佛教受到极大打击，而彼时临海所属的吴越国崇佛，辖区内以佛教为统治工具，导致大量北方僧人南迁，吴越国内佛教鼎盛，佛家教义的影响也深入民间。在这种情况下，在家居士每月的初一、十五日吃素成了惯例。节日中最主要的习俗便是吃，为了既能在初一、十五吃素，又能过上节日两不误，老百姓自觉地避开初一、十五过节，久之成为习俗。

（二）孝子改节说

元至正十四年（1354），方国珍率浙东农民军攻入台州府，建国称王，在北固山建天坛，以今台州城隍庙为金殿，并下诏普天同庆。方国珍的母亲信佛，每月初一、十五吃素斋。方国珍是个孝子，为了母亲能与百姓同乐，他便下诏提前一天过元宵。此后，在临海正月十四闹元宵便成了风俗。这是流传最广的一个民间传说。

另外，也有人认为孝子传说的主人公是明代嘉靖状元、邑人秦鸣雷。

秦鸣雷自幼父母早亡，靠伯父母抚养成人。伯母待他很好，还为其请来名师授课，鸣雷顺利地通过了府试、乡试，并于嘉靖二十三年（1554）高中状元。秦鸣雷历任要职，虽居高位，但一直很孝顺伯母，每逢节日总是精心备办佳肴美食供奉。可是伯母信佛，初一、十五都要戒荤吃素，元宵节恰逢"十五"，秦状元不忍让伯母空度佳节，特将元宵提早一天。台州府城百姓知道此事后，深受感动，争相效仿，时间一久，遂成习俗定例。

（三）战事说

据传明朝嘉靖年间某年的正月十四，民族英雄戚继光带兵进驻临海，戚家军在海边打垮了一股倭寇，倭寇逃往内地。时天色已晚，戚家军赶到，百姓纷纷点灯帮助戚家军搜索残敌。一时间，城里城外，每间房屋灯火通明，使倭寇无处藏身而全部剿灭。为纪念这一事件，百姓把元宵节改到正月十四夜。

另一种说法是，抗倭英雄戚继光在临海抗击倭寇的一次战斗中，正值正月十四，城关居民为慰问戚家军，把原先十五做糟羹的日子提前了一天。

后人为纪念戚继光，就约定成俗于正月十四过元宵节。还有类似说法，戚继光在临海抗倭时因作战机密被泄露，戚将军将计就计把元宵节提前一夜，从而一举歼灭入侵倭寇。从此，元宵改至十四日。

（四）筑城说

据清《台州外书》载，元宵时"以肉、菜和粉杂荠笋作羹，以多为贵，谓之吃糟羹。相传，唐筑城时，天寒以犒军，遂成故事"。其中，民间传说记载得较为详细，据说当年大将军尉迟恭（一说台州刺史尉迟缭）奉命修筑江南长城时，正好于正月十四筑好长城，临海百姓为了庆祝这一"节日"，纷纷拿出家中的米饭、芋艿、粉丝、芥菜等食物前往军营犒劳将士。可由于天气冷，到军中时已凉了，大家过意不去，为了让每个士兵都能吃上一口自家的菜，便把所有东西倒在了一起，烧成了"大锅羹"，后来演变成糟羹。这一夜，百姓们通宵点灯庆贺，从此台州形成每年正月十四亮长夜灯的习俗。

另有一种"筑城说"也和尉迟恭有关。唐初的开国元勋尉迟恭（也有说刺史尉迟缭）坐镇台州筑城，时近年末，天寒地冻，材料又缺乏，开工不久连砌墙用的蛎灰浆都严重短缺。眼看工程进度慢了下来，一位老农献计说，用米粉加黄泥搅拌成浆，黏性很好。一试果然如此，筑城进度也快了起来。筑城是重体力活，一位民工因不堪饥寒，见有米粉，就偷偷地吃了米粉糊，按律当处理。尉迟恭仁慈体民，不仅没有处罚他，还抽出一部分米粉，和菜、笋等拌在一起给民工当点心。

这一天刚好是正月十四，故临海的元宵改为十四，并形成了吃糟羹的习俗。

在古城临海，关于初一、十五不过节习俗的起源众说纷纭，莫衷一是。然而，通过这些民间说法和学术讨论，我们可以瞥见临海在千百年间推动政治、军事、经济、文化发展的历史痕迹。可以看到，佛教文化、海防文化、民俗文化、饮食文化均依托这一习俗得到传承和发扬，既为古往今来临海大地上百姓的寻常生活添加了一抹亮色，也极大地丰富了中华民族历史和文化的内涵和深度。

一、要素分解

（一）物质要素

1.历史悠久的糟羹饮食

清代临海诗人陈延烈《十四夜调糟羹》写道："豆芽小菜满庭除，万户刀声入耳徐。五味调烹金鼎沸，只须虾蛤不须鱼。"人们常把芋头、芥菜、肉丝、豆面、冬笋、香菇木耳、豆腐干、油泡、川豆板、猪耳朵、猪尾巴等时令蔬菜，切成丁状或末状，在锅里烧熟，加水烧开，再用米粉调水，倒入锅中搅匀，烧成糊状即成。古时，曾用酒糟调和，故称"糟羹"。随着台州府城居民生活条件的日益改善，临海糟羹的配菜也越来越丰富，尤其是添加贝壳类海鲜肉丁，味道特别鲜美，清代就盛传"正月十四是元宵，家家糟羹蛤蜊调"的民谣。旧时农村还有"讨糟羹"的习俗，这一晚，小孩子在家吃过白家的糟羹（有的甚至不吃），便三五成群，结队去别人家去讨糟羹吃，有的还带有自家碗筷，所到人家，都会赠送一碗满满的糟羹。讨者以多吃家数为荣，而家里则以送人多为荣。十四日夜，除各家各户互送糟羹尝鲜外，即使乞丐也一并送之，邻里之间的和谐气氛得到充分的体现。正月十四夜晚餐吃的糟羹，又叫咸羹，而至闹元宵结束临睡前，大家又要吃甜羹。甜羹一般用番薯粉或藕粉配上莲子、红枣、桂圆肉、金橘饼和小汤圆、甜酒酿等,烧熟即可吃,色、香、味俱佳。

2. 相对封闭的自然环境

临海三面环山,一面临海,相对封闭的自然地理环境,使得台州地区的风俗不易受外界影响。至今为止,台州仍保留着一些在外地已经消失的古老节俗,其中就包括"初一、十五不过节"的特殊习俗。临海的传统节日与当地传说紧密相关,传说内容广泛,涉及神话故事、历史事件、历史人物。其中,方国珍、秦鸣雷和戚继光的传说故事占了相当大的比例,例如临海地区初一、十五不过节的元宵、中秋,几乎都跟他们有关。

(二)精神要素

对民族英雄的缅怀和敬仰之情

崇尚民族气节、崇拜历史名人是临海人的共识,这一共识在台州地区的节庆活动中得到充分体现。台州人民崇拜保卫边疆、抵御异国侵略的民族英雄、揭竿起义的猛士以及造福天下苍生的清官廉吏、恩及一方的文臣儒士。台州府城的很多节俗都是为了缅怀和纪念这些与临海有关的名人或历史事件,其中最受民众敬仰的是抗倭名将戚继光,典型的代表就是在正月十四夜吃糟羹的不同版本传说中,数戚继光"解粮官巧做糟羹"的故事流传最广。据说戚继光在台州抗倭时,某年正月十四,解粮官禀报说军粮第二天才能到,而粮库里的粮食连当晚也不够吃,第二天的早饭更没有着落,建议向城里百姓借粮。戚继光不同意,说不能给当地百姓增加负担。解粮官思前想后,想出一个办法。他带领士兵把剩下的粮食磨成粉,兑水熬成糊状,再加入各种时令蔬菜、肉类、豆制品和调味品,制成味道不错的糟羹。当晚和第二天早上,全部将士都吃这种糟羹。消息传出,当地百姓非常感动。后来每到正月十四,临海百姓们都会想起这件事,家家户户做糟羹纪念戚大将军,因此这种食俗直到现在仍流行。古代临海百姓制作糟羹的主要原料是三十夜特别留下的肉冻、豆腐干、豆面、芋头、年糕粒(或麻粒)等,其中以芋头为主菜,故又称"芋头羹"。此外还有传说把戚继光换成了方国珍,称是方国珍为防元朝官兵(部分人说是朱元璋的部队)利用元宵节来偷袭,便把节日提前一天。

（三）制度要素

1. 热闹的闹花灯和猜灯谜习俗

十四夜吃罢糟羹后，全城各种花灯、民间艺术杂耍艺人、特色小吃全集中在城内道司里校场。观灯、看戏、凑热闹的人齐聚一堂，人山人海，摩肩接踵，参与的人数多达几万。广场中不但有大、中、小型的鳌山、宝船、金猴、狮子、龙、楼台亭阁等传统造型花灯，更有独具临海特色的细吹亭、闹皇船、古城高跷、抬阁、莲花落、锣鼓亭、花鼓戏、板龙等民间艺术大展示。"闹花灯"的同时，临海人民也热衷于猜灯谜。灯谜一般都附贴在用五彩纸扎的透明花灯上，既可当作装饰品，又富有文化韵味。另外，在街两旁、屋檐下，用细绳拉成的线上，也飘动着灯谜片，吸引着过往之人。

2. 飘逸清幽的细吹亭习俗

当十四夜闹花灯结束、夜深人静后，台州府城细吹亭上场了。飘逸清幽、悠扬柔婉的"国遗"临海词调《将军令》《梅花三弄》《六十四板》《拜新年》等丝竹乐声，自远而近，飘逸在古城的天空。细吹亭出行时，由四人抬扛，跟随的江南丝竹队有二胡四把，京胡两把，笙一支，横笛两支，洞箫两支，碰钟两副，琵琶、扬琴各一架、三弦两把，约20人组成的队伍款款而行，漫游于府城里弄街坊。此时，刚歇息的人们和店家又重新开户，驻足欣赏，如痴如醉。细吹亭的结构分上、中、下三部分，底盘有四腿虎脚落地，四面雕龙狮图。中间是四面（或八面）花窗，窗两边是琉璃片，四边书有四副对联，以示吉祥如意。四面窗楣有四条精雕的金龙，神态逼真。中挂气灯一盏，下有香炉一个，出游时点燃檀香，芳香缭绕。上部为顶架，用真丝绣成丹凤牡丹图，四面角挂十六盏明珞灯，并用绣有芝兰芳草或山水人物的锦缎作霞帔。

二、核心基因提取与评价

基于对材料的全面、深入分析，可将本文化元素的核心基因表述为"对民族英雄的缅怀和敬仰之情""历史悠久的糟羹饮食""热闹的闹花灯和猜灯谜习俗""飘逸清幽的细吹亭习俗"。

初一十五不过节核心文化基因评价依据

评价项目	评价因子	评价依据（特点）	是否
生命力评价	文化基因存续的时间	自出现起延续至今，未曾明显中断	√
		自出现起延续至今，但多次衰微、中断后复兴	
		曾明显衰败，改革开放后开始复兴或历史溯源关键环节缺失，难以考证	
		文化形态主体已灭失，现存部分痕迹	
	文化基因的稳定性	在发展过程中保持相当稳定的状态	√
		在发展过程中存在明显的精神内涵、表现形式剧变	
凝聚力评价	文化基因的凝聚力及社会动员效果	曾广泛凝聚起区域群体的力量，显著推动过社会经济文化的发展	
		曾部分凝聚起区域群体力量，对社会经济文化的发展产生过影响	√
		凝聚过力量，创造过实际的发展动能，但未见对社会经济文化发展产生显著改变	
		仅在历史文献或口耳相传中存在，未见实际介入社会经济发展	

续表

评价项目	评价因子	评价依据（特点）	是否
影响力评价	辐射的范围	具有全国性、世界性的影响力	
		具有长三角区域、浙江省影响力	
		具有市县、乡镇影响力	√
	提炼的高度	已经被古代文人士大夫和当代学者提炼为精神符号和理念理论	√
		单纯的样式、造型、工艺技术规范	
发展力评价	与当代精神追求和价值观念的契合	传统文化基因得到创造性转化、创新性发展；区域革命文化基因被完整继承、广泛弘扬；区域社会主义先进文化基因成为与浙江"三个地"相适应的文化高地	√
		部分转化、部分弘扬、部分发展	
		难以转化、难以弘扬、难以发展	

说明：基因特点评价是对解码出来的基因，根据本《导则》表 2 的要求，围绕"四个力"逐一对表打"√"，进行定性表述

（一）生命力评价

初一十五不过节这一临海节日习俗是各个时期人民大众在生活中逐渐形成的，是地方民俗文化的重要组成部分。在古代临海，由于自然环境的相对封闭，节日习俗保持相对稳定，较少受到外部文化的影响和冲击。其核心文化基因"对民族英雄的缅怀和敬仰之情""历史悠久的糟羹饮食""热闹的闹花灯和猜灯谜习俗""飘逸清幽的细吹亭习俗"自出现起延续至今，未曾明显中断，在发展过程中保持了相当稳定的状态。

（二）凝聚力评价

初一十五节日习俗是临海地方民俗文化的重要组成部分，

也是抗倭文化、宗教文化的呈现地，具有鲜明的地方特色，是家庭、社会凝聚团结的载体。作为其核心基因，"对民族英雄的缅怀和敬仰之情""历史悠久的糟羹饮食""热闹的闹花灯和猜灯谜习俗""飘逸清幽的细吹亭习俗"固然发挥了凝聚区域群体的力量、推动社会经济文化发展的重要作用。

（三）影响力评价

初一、十五不过节是临海节日习俗的重要组成部分，呈现于当地节庆活动中。因此，其核心基因"对民族英雄的缅怀和敬仰之情""历史悠久的糟羹饮食""热闹的闹花灯和猜灯谜习俗""飘逸清幽的细吹亭习俗"在台州地区市县、乡镇具有影响力。

（四）发展力评价

三大核心基因中，"热闹的闹花灯和猜灯谜习俗"已经广泛流传于临海地区民间，可以与时俱进地进行创造性转化、创新性发展，为地方旅游资源赋能。"对民族英雄的缅怀和敬仰之情"则体现了伟大的爱国情怀和卫国精神，对于民族文化的传播和爱国主义的教育具有重要价值、意义。"历史悠久的糟羹饮食"则应当部分转化、部分弘扬、部分发展，在继承传统饮食习俗的同时，应做好甄别和筛选工作。

三、核心基因保存

"对民族英雄的缅怀和敬仰之情""历史悠久的糟羹饮食""热闹的闹花灯和猜灯谜习俗""飘逸清幽的细吹亭习俗"作为初一、十五不过节的核心基因，其资料保存情况如下：

《台州节俗的人文特点》《临海节日习俗——元宵》《台州府正月十四元宵节习俗考》等文字资料保存于临海市文化基因解码调查组资料库。出版物和古文古籍有《广志绎》《荆楚岁时记》《康熙临海县志》《民国临海县志》《台州外书》《台州府志》。

《麦油脂》《糟羹》等 14 项图片资料保存于临海市文化基因解码调查组资料库。

杜鹃鸟

台州府城 临海文化基因

杜鹃鸟

临海民歌《杜鹃鸟》，俗称《柴爿鸟》，又称《日出东山》，也有称《看牛小弟哭亲娘》，是古代临海地区老百姓在生产生活中逐渐形成的民间音乐作品。它在农村中广为流传，尤其是在"看牛细佬"（即放牛娃、牧童）这一群体中最为流行。该歌曲通过口耳相传，已有300多年的历史，是临海地区农村百姓的娱乐活动之一。

临海民歌《杜鹃鸟》采用"起承转合、四个乐句"的分节歌形式。歌曲节奏自由、缓慢抒展，演唱者可根据内容，创造性地加以发挥。《杜鹃鸟》多在山坡、溪岗、溪边、草坦放牧或劳作间歇时由一人独唱，或多人捉对飙高音比兴，或集体合唱，或牧归时坐在牛背上唱。

《杜鹃鸟》具有浓郁的本土文化色彩。歌曲中的语气、用词、押韵方式几乎没有受到外来文化的影响，得到了原生态的完整保留。在我国民间，大多数山歌都比较短小，歌词简单，结构回旋复沓，但是《杜鹃鸟》相反，它的词句，除少数几句的起兴词是三言的短句构成，其余都是七言，句式较长，更易于表达丰富的情感。

《杜鹃鸟》的内容反映了古代婚姻中的一种普遍现象——"男子续娶，后娘无情"。后娘偏爱自己所生的孩子，前妻所生之子自然不受关照甚至饱受欺凌。看牛小弟唱的虽是苦难，但他并不气馁，而是把苦难当成磨练，坚信"牛角挂书终当贵"。因此，《杜鹃鸟》也是一首劝世歌。歌词通过比喻，批判后娘虐子的行为，告诉世人苦难磨砺个人品格的道理。

新中国成立后，临海民歌《杜鹃鸟》受到政府的重视和文化人的关注。1952年台州地委文工团对《杜鹃鸟》进行搜集、整理和记谱。1954年春节，临海民歌《杜鹃鸟》被搬上农村戏台演唱。同年秋，大田文化站把《杜鹃鸟》上送，参加了县、地区、省文艺会演，结果均获优秀奖，开创了草根民歌登上大雅之堂的先河。1955年刘道寄演唱的临海民歌《杜鹃鸟》入选浙江省参加全国音乐周的代表队。为了适应新形势，临海文化馆杨成忠将吴烟痕的原词修改，并将歌曲改名为《救命恩人共产党》，同时由作曲家洛地根据曲调重新编曲。刘道寄参与演唱后获优秀奖，并于中南海怀仁堂向中央领导汇报演出。由于刘道寄音域宽，演绎声情并茂，引起了国内外音乐界的轰动。首都的多家报刊都对他的演出作了报导，当时苏联的《红星画报》《消息报》也作转载，因而在国内外音乐界都形成了一定影响。从此，《杜鹃鸟》与《救命恩人共产党》在临海流传了几十年。20世纪70年代初开始，由于社会变革等原因，歌曲曾一度销声匿迹，但后来有关部门、文化工作者通过出版、电视、演出等方式开展传承工作，并注入创新元素，使《杜鹃鸟》《救命恩人共产党》两首民歌相互促进拓展，传承弘扬。

《杜鹃鸟》《救命恩人共产党》的演唱者刘道寄的一生具有传奇色彩。

他是临海大田街道大田刘村人，出生在一个贫苦的农民家庭，从小帮助父亲务农放牛，因聪明好学，儿时就会唱许多动听的山歌。1954 年，刘道寄 14 岁时被选中演唱山歌《杜鹃鸟》，参加临海县和台州地区的民间音乐舞蹈会演，均获优秀演唱奖，自此名声大振，成为著名的小歌手。不久，他再次被选送参加省文艺会演，再获优秀演唱奖。

从北京演出归来后，临海县授予刘道寄"青年社会主义建设积极分子"荣誉称号。次年，他被浙江省文化厅推荐保送至上海音乐学院附中，进入学校学习声乐，后转入钢琴、唢呐专业。1961 年刘道寄被下放回乡务农，曾任乡村代课教师，一直参加县、地区各种文艺演出。

如今，在临海紫阳街鲁迅展览馆的斗室里，人们还能在老式唱机缓缓的吟唱中领略《杜鹃鸟》的风采。

一、要素分解

（一）物质要素

艰苦的山地环境

浙东以山地丘陵为主，生活环境较为艰苦。人们为了收获更多的粮食，就在山上砌筑梯田。因此，放牛娃只好牵着牛，在梯田间的小路上放牧。他要时时拉着缰绳、看住牛，避免牛吃了田里的庄稼。因此，临海及周边地区管放牛、放羊叫看牛、看羊。看牛、放牛的生产场景是民歌《杜鹃鸟》创作的背景。

（二）精神要素

1. "牛角挂书终当贵"的乐观态度

《杜鹃鸟》反映了古代婚姻的一种普遍现象——父亲续娶，后娘无情，是歌曲产生的根本原因。看牛小弟不受父亲重视、被后娘欺凌，但他并不气馁，而把苦难当成磨练，坚信"牛角挂书终当贵"，充分体现放牛娃的乐观态度。

2. 执着追求平等、幸福的精神

《杜鹃鸟》的歌词中有一个片段讲述了后娘瞒着父亲给亲生子做了厚厚的棉衣，却给放牛娃穿不保暖的芦花衣的故事。于是，放牛娃在山歌中哭诉"哥哥身上芦花衣，弟弟身上白锦绒""自己亲娘多少好，讨个晚娘硬心肠"。临海民间流传着这样的老话——"六月天的日头，老继娘的拳头"，意思是说后娘对继子犹如六月烈日一样毒辣。在后娘的枕头风吹拂下，父亲对"看牛小弟"的情感也越来越淡薄，山歌中因此出现了对父亲的诘问："问爹为啥心各样，那个不是爹爹生？杜鹃鸟，尾巴长，问爹为何心两样？"古代社会生产力落后，加上古人不懂节育，崇尚多子多孙，"爹爹"为养活一大家人承担了很重的担子，空闲时间很少，父爱分到每个子女身上自然有限。看牛小弟夹在一群弟弟妹妹之间，不被父亲重视，又受后娘欺负，其艰难处境可想而知。正因为这样的经历，他才唱出了凄婉动人的山歌，表达了他执着追求平等、幸福的精神。

（三）制度要素

1. 口耳相传的传承方式

临海民歌《杜鹃鸟》，老百姓俗称《柴爿鸟》，也有称《看牛小弟哭亲娘》。它是古代老百姓在生产生活中逐渐形成的一种歌唱形式，在农村中广为流传，特别是在放牛娃这一群体中最为流行，通过口耳相传，已有300多年的历史。

2. 规整严谨的分节歌结构

分节歌是歌曲中的常用曲式结构，即用同一段曲调反复演唱多段歌词。中外许多民间器乐曲、民间歌曲都是通过这一简短的、易于传唱的形式保留下来的。

分节歌的旋律必须动听，音乐形象必须准确，才能经得起时间的磨砺。由于这一形式在民间音乐中的独特地位，所以中外作曲家纷纷采用它来谱写他们的歌曲。如德国西歇尔的《罗雷莱》、俄国格林卡的《别唱吧，美人》、德国勃拉姆斯的《要知道我该回头该有多好》、舒曼的《月夜》、奥地利舒伯特的《鳟鱼》《菩提树》等，都是分节歌的艺术精品。在我国，除了《杜鹃鸟》《救命恩人共产党》，近现代作曲家的艺术歌曲也有不少分节歌的优秀作品，如赵元任的《教我如何不想他》、黎英海的《在银色的月光下》、瞿希贤的《把我的奶名儿叫》、谷建芬的《那就是我》等，都不同程度地在民间分节歌的结构形式上作了有益的尝试与创新，为我国抒情歌曲作出了巨大的贡献。临海民歌《杜鹃鸟》曲调，正是采用了"起承转合四个乐句"组成的分节歌形式。

（四）语言和象征符号

凄婉动人的杜鹃鸟形象

"杜鹃鸟"自古以来就在文学作品中被赋予凄婉、哀伤的艺术形象，比如白居易的"杜鹃啼血猿哀鸣"，李商隐的"望帝春心托杜鹃"。歌曲《杜鹃鸟》借此形象为题，喻指看牛小弟悲惨的遭遇和命运的不公，在抒发其哀伤情感的同时反衬其不服命运、勇于抗争的精神和"牛角挂书终当贵"的乐观态度。此外，《杜鹃鸟》还唱出了农人心底的愤懑和哀怨，鞭挞了世间贪婪、自私的品行，寄托了对未来生活的向往，所以才能通过一代代牧童和农人口耳相传的形式流传至今。

二、核心基因提取与评价

基于对材料的全面、深入分析，可将本文化元素的核心基因表述为"'牛角挂书终当贵'的乐观态度""执着追求平等、幸福的精神"。

杜鹃鸟核心文化基因评价依据

评价项目	评价因子	评价依据（特点）	是否
生命力评价	文化基因存续的时间	自出现起延续至今，未曾明显中断	√
		自出现起延续至今，但多次衰微、中断后复兴	
		曾明显衰败，改革开放后开始复兴或历史溯源关键环节缺失，难以考证	
		文化形态主体已灭失，现存部分痕迹	
	文化基因的稳定性	在发展过程中保持相当稳定的状态	√
		在发展过程中存在明显的精神内涵、表现形式剧变	
凝聚力评价	文化基因的凝聚力及社会动员效果	曾广泛凝聚起区域群体的力量，显著推动过社会经济文化的发展	
		曾部分凝聚起区域群体力量，对社会经济文化的发展产生过影响	√
		凝聚过力量，创造过实际的发展动能，但未见对社会经济文化发展产生显著改变	
		仅在历史文献或口耳相传中存在，未见实际介入社会经济发展	

续表

评价项目	评价因子	评价依据（特点）	是否
影响力评价	辐射的范围	具有全国性、世界性的影响力	√
		具有长三角区域、浙江省影响力	
		具有市县、乡镇影响力	
	提炼的高度	已经被古代文人士大夫和当代学者提炼为精神符号和理念理论	√
		单纯的样式、造型、工艺技术规范	
发展力评价	与当代精神追求和价值观念的契合	传统文化基因得到创造性转化、创新性发展；区域革命文化基因被完整继承、广泛弘扬；区域社会主义先进文化基因成为与浙江"三个地"相适应的文化高地	√
		部分转化、部分弘扬、部分发展	
		难以转化、难以弘扬、难以发展	
说明：基因特点评价是对解码出来的基因，根据本《导则》表2的要求，围绕"四个力"逐一对表打"√"，进行定性表述			

（一）生命力评价

临海民歌《杜鹃鸟》是古代老百姓在生产劳动、生活中逐渐创造的作品，在农村中广为流传，特别是在放牛娃等牧童群体中最为流行。通过口耳相传，它有300多年的历史，成为农村百姓不可或缺的娱乐和文化活动。其核心文化基因"'牛角挂书终当贵'的乐观态度""执着追求平等、幸福的精神"则源于老百姓的生产生活感悟，自出现起延续至今，在发展过程中保持相当稳定的状态。

（二）凝聚力评价

1955年刘道寄演唱的临海民歌《杜鹃鸟》，入选浙江省参加全国音乐周的代表队。为了适应新形势，临海文化馆杨成忠将吴烟痕的原词修改，题为《救命恩人共产党》。作曲家洛地根据临海民歌《杜鹃鸟》曲调编曲，刘道寄演唱，获优秀奖。改编后的《救命恩人共产党》在国内外都有一定的传唱度。虽然歌曲的内容发生了变化，但核心基因"'牛角挂书终当贵'的乐观态度""执着追求平等、幸福的精神"依然传承。这一乐观态度和对平等幸福生活的向往在《救命恩人共产党》中亦有体现，曾对地区社会经济文化的发展产生过一定的影响。

（三）影响力评价

原歌曲《杜鹃鸟》在临海地区老百姓间已有较高的传唱度，改编后的《救命恩人共产党》在首都一些报刊都作了报导，苏联的《红星画报》《消息报》也作转载，因而在国内外音乐界、少年儿童中都有一定影响。随着《救命恩人共产党》的传唱，其核心基因"'牛角挂书终当贵'的乐观态度""执着追求平等、幸福的精神"亦在全国范围内产生了一定的影响力。

（四）发展力评价

近年来，有关部门、文化工作者通过出版、电视、演出平台等各种传媒渠道从事《杜鹃鸟》《救命恩人共产党》民歌的传承工作，并注入一些创新元素（对唱、表演唱、民乐伴奏、伴舞等），取得了良好的成绩。同时，民歌的核心基因"'牛角挂书终当贵'的乐观态度""执着追求平等、幸福的精神"契合当前时代的精神和价值观念，具有创造性转化、创新性发展的潜力。

三、核心基因保存

　　"'牛角挂书终当贵'的乐观态度""执着追求平等、幸福的精神"作为杜鹃鸟的核心基因，资料保存情况如下：《大田山歌——杜鹃鸟》《临海民歌——杜鹃鸟》《牧童歌手刘道寄》等文字资料保存于临海市文化基因解码调查组资料库，另外，出版物和古文古籍有《临海音乐人》《全国群众业余音乐舞蹈观摩演出会优秀节目选集》《中国民间音乐集成》；《民歌清唱》《传承人在大田刘全国文化现场上表演》《刘道寄 1955 年在中南海汇报演出归来到上海音乐学院学习》等 9 项图片资料保存于临海市文化基因解码调查组资料库。《救命恩人共产党》《杜鹃鸟纪录片》视频资料保存于解码调查组资料库。

柴古唐斯越野赛

台州府城　临海文化基因

柴古唐斯越野赛

　　台州地区经济发达、民风淳朴，安宁富庶，美丽的括苍山坐落于此，是中国大陆东南沿海接受第一缕阳光的地方，也是浙江东部一处旅游目的地；这里山景宜人，自然环境良好，山体落差巨大，并且有四通八达的可通车山地路网，因此十分适合举办越野跑等户外赛事。

　　2014 年，浙江台州的蔡宇和附近地区的户外运动爱好者们，看到括苍山上的徒步游客和跑步的人越来越多，逐渐萌生了在日常训练路线上开拓户外赛事活动的想法。

　　蔡宇和他的合作伙伴——临海市登山协会的会员们一起默

默努力，办妥了赛道设计、救援服务、补给运输、计时监控、招商展示和海外广告这些比赛不可缺少的具体事项，在做好了报名网站后，才正式对外宣布：首届柴古唐斯越野赛将于2015年4月举办，并于2014年底启动报名。

柴古唐斯越野赛中，选手需跑过山石竹林，穿过田间乡野，淌过山间溪流，山路土路蜿蜒曲折，碎石和青苔时刻考验着选手的体力和意志力。

第一届比赛，最长的距离为57千米，爬升达到惊人的3900米；另有35千米入门徒步组别。本次比赛共有近300人参加，但是完赛率只有76%。柴古唐斯线路上有古老的城门、美丽的竹林和茶园、高耸的风车阵、曲折的林间小道，成为了台州地区越野跑赛事的一张金名片。眼光长远的赛事组委会，借助亚洲越野大师赛（AsiaTrailMastersseries）的平台，开始塑造比赛的国际形象。

在总结了第一届比赛的成败得失后，柴古赛事组委会决定在2016年再接再厉。赛道最长的距离达到82千米，爬升高度增加到5400多米。全部参赛人数达到近700人，其中许多人是2015年的未完赛者。在这一年，

最具标志性的瞬间，就是总冠军花兆洪冒雨完赛，在终点换上准备好的正装，上演"携冠求婚"的精彩场景。此番情景连同各种富有温度的细节，让柴古唐斯越野赛的社交属性达到新的高度。

从这一届开始，组委会的薛迎春逐渐被人们熟知。从布置比赛会展，到赛道巡视，再到赛后物资整理等，她总是亲力亲为，极为热情的为与比赛有关的所有事项奔走，被柴古参赛者们亲切称为"老板娘"。薛迎春原本从事外贸行业，后因参加了戈壁挑战赛而喜欢上了越野跑，陆续参加了"香港100"、"新西兰100"、UTMF和UTMB等国外著名赛事。向往越野文化的同时，薛迎春也希望自己的故乡也有这么一场能吸引众多越野爱好者来挑战的越野赛事。2014年，她遇到蔡宇，把台州这条精彩的路线介绍给更多的人的想法让两人一拍即合。

在运营比赛的过程中，柴古唐斯团队十分注意引进吸收外来先进经验，蔡宇和薛迎春把赴欧洲、日本、美国等地参赛时看到的、有效的环保与服务做法引入自家赛事。在国际推介方

面，从 2017 年开始，他们每年都会制作多语言广告材料，利用世界最大越野跑赛——UTMB 的赛前会展宣传良机，将比赛推荐给各国跑者。

2017 年的柴古唐斯，蔡宇与薛迎春看到苦心经营两年后的财务表现开始逐渐转好，决定将旗舰组别升级至 100 千米 /6000 米的爬升级别，并且联合几家主要赞助商，邀请一些国际高水平运动员参加。名额释放 3 小时后就遭疯抢告罄，参赛人数首次突破千人。在台州户外爱好者圈子日益浓厚的志愿服务文化支持下，完赛率也有了较大提升。国际高手们的表现十分抢眼，获得了不少海外曝光，比赛的知名度进一步提高。

从 2018 年开始，组委会设计的一系列帽子与士气章等比赛周边文创产品开始在中国跑步圈走红，标志着赛事文化的辐射范围进一步扩大。比赛难度全面升级，旗舰组别的距离达到了 100 千米，入门组别的距离也超过了 50 千米。当年尽管突发强降雨，组委会因安全原因提前宣布终止，但是仍有 1000 多位跑者完成了比赛且全部选手都安全下撤。

2019 年，柴古唐斯成为亚洲越野大师赛的冠军赛之一，吸引了居住在全亚洲的许多跑者，其中包括在大屿山 100 千米和四径连跑等香港大赛中成绩突出的跑者；同时，前后共有 3000 多人参赛，成为上半年中国江浙沪地区影响力最大的越野跑赛。回顾这些年来的发展，薛迎春表示："这离不开全国柴粉们的支持。"

2019 年，临海遭遇百年难见的台风"利奇马"袭击，比赛起点所在的古城受灾严重，整体被淹。柴古唐斯越野赛公众号第一时间发布了受灾消息。"柴粉"们开始捐款捐物赈灾，2 天时间内共收到物资及现金共计 50 多万元，还有许多这样的留言："因为一场赛事，爱上一座城。"

得天独厚的山地运动自然环境、理解越野跑运动和懂得跑者心思与需求的运营团队、商业化办赛模式、以及维系粉丝情感的深度社区运营，是柴古唐斯越野赛不断发展壮大的关键。

一、要素分解

（一）物质要素

1. 原生态的赛事路线

柴古唐斯越野赛是国内专业山地越野赛里参赛人数最多、专业级别最高、影响力最大的赛事之一，先后被评为"中国精品旅游赛事""浙江省十佳商业赛事""全省最具潜力体育赛事"等荣誉，于 2017、2018 年入选浙江省"重点培育品牌赛事"。本赛事将体育元素融入临海的山水人文风景中，积极助推体育旅游融合发展。赛道选择在道路崎岖、植被茂密的临海市括苍山脉，近 90% 都是原生态线路。比赛起终点都设在临海古长城景区的兴善门广场，回程穿越临海古城、古街，途径括苍国家森林公园。步步皆景，处处是景。

2. 风光秀丽的临海山水

浙江台州经济发达、民风淳朴，安宁富庶。美丽的括苍山坐落于此，是中国大陆东南沿海接受第一缕阳光的地方，也是浙江东部一处旅游目的地；山景宜人，自然环境保存良好，山体落差巨大但通过性尚可，并且有四通八达的可通车的山地路网，十分适合举办越野跑比赛等户外运动。

（二）精神要素

坚韧不拔、永不言弃的体育精神。在柴古唐斯越野赛中，参赛者们一再突破自我限制，攀山越岭。回望脚下壮丽的山川峡谷，参赛者不禁感慨"用自己的努力和汗水去看风景才有意思"。虽然路途遥远，风雨交加，但参赛者们并没有被击垮，凭借着自己坚韧不拔、永不言弃的精神突破了瓶颈极限，一步步走到了终点，获得了成功。越野跑是一种运动，也是一种漫长的旅行，更是一种无言的修行，释放人们隐藏在内心深处的隐秘力量。越野跑常常会成为人们的觉醒时刻，给人们带来很多感触。

（三）制度要素

多方协同的商业赛事机制。柴古唐斯·括苍越野赛由临海市登山协会和台州柴古唐斯体育发展有限公司承办，临海市文化和广电旅游体育局为指导单位，三家单位各司其职，为赛事的成功举办做好相关工作。台州柴古唐斯体育发展有限公司负责赛事的运营、招商和赛道设计，临海市登山协会负责志愿者的招募、赛道的勘探和清理、保障和救援，临海市文广旅体局对赛事进行规划、宣传和协调。通过三方的联动推进，赛事不断做精做大做强，在政府的统筹协调下，赛事培育自主 IP，注重核心价值提升，助推台州市旅游行业发展，促进文旅体产业深度融合。

二、核心基因提取与评价

基于对材料的全面、深入分析，可将本文化元素的核心基因表述为"原生态的赛事路线""坚韧不拔、永不言弃的体育精神""多方协同的商业赛事机制"。

柴古唐斯越野赛核心文化基因评价依据

评价项目	评价因子	评价依据（特点）	是否
生命力评价	文化基因存续的时间	自出现起延续至今，未曾明显中断	√
		自出现起延续至今，但多次衰微、中断后复兴	
		曾明显衰败，改革开放后开始复兴或历史溯源关键环节缺失，难以考证	
		文化形态主体已灭失，现存部分痕迹	
	文化基因的稳定性	在发展过程中保持相当稳定的状态	√
		在发展过程中存在明显的精神内涵、表现形式剧变	
凝聚力评价	文化基因的凝聚力及社会动员效果	曾广泛凝聚起区域群体的力量，显著推动过社会经济文化的发展	√
		曾部分凝聚起区域群体力量，对社会经济文化的发展产生过影响	
		凝聚过力量，创造过实际的发展动能，但未见对社会经济文化发展产生显著改变	
		仅在历史文献或口耳相传中存在，未见实际介入社会经济发展	

评价项目	评价因子	评价依据（特点）	是否
影响力评价	辐射的范围	具有全国性、世界性的影响力	√
		具有长三角区域、浙江省影响力	
		具有市县、乡镇影响力	
	提炼的高度	已经被古代文人士大夫和当代学者提炼为精神符号和理念理论	√
		单纯的样式、造型、工艺技术规范	
发展力评价	与当代精神追求和价值观念的契合	传统文化基因得到创造性转化、创新性发展；区域革命文化基因被完整继承、广泛弘扬；区域社会主义先进文化基因成为与浙江"三个地"相适应的文化高地	√
		部分转化、部分弘扬、部分发展	
		难以转化、难以弘扬、难以发展	
说明：基因特点评价是对解码出来的基因，根据本《导则》表2的要求，围绕"四个力"逐一对表打"√"，进行定性表述				

（一）生命力评价

自 2015 年以来，柴古唐斯发展势头迅猛，获得了国内外越野跑爱好者的一致欢迎。柴古唐斯越野赛的经久不衰体现了其"原生态的赛事路线""坚韧不拔、永不言弃的体育精神""多方协同的商业赛事机制"的核心基因，体现了其文化基因的生命力。

（二）凝聚力评价

2015 年到 2020 年，柴古唐斯为临海的经济及社会发展作出了积极贡献。2020 年接待参展商、选手及家属超过6000 人次。政府通过体育赛事和旅游的结合，把临海建设成为区域性国际化旅游城市，推动了临海旅游产业转型升级，为临海区域经济发展打造新的支柱，并使其发展成果为全民共享，体现了多方协同的商业赛事机制。政府将"坚韧不拔、永不言弃的体育精神"传递给全国和世界人民，提升了临海的知名度和影响力，吸引更多的人群来临海，形成"体育搭台，旅游唱戏，文化共享"的良性产业发展格局，实现了经济效益与社会效益双赢，为赛事持续发展提供了有力支撑和持续动力。三大核心基因分别从不同的方面凝聚区域群体力量，促进了柴古唐斯越野赛的传承和发展，推动了文化事业走向繁荣、经济生活日益富足。

（三）影响力评价

柴古唐斯已成功举办六届，先后获得中国体育旅游精品赛事、浙江省十佳商业体育赛事、省运动休闲旅游精品线路（其中一站）、全省最具潜力体育赛事等荣誉等。政府为进一步发挥户外运动品牌赛事，在挖掘和释放消费潜力、保障和改善民生、培育新的经济增长点、增强经济增长新动能等方面的作用，全面掌握现状，梳理赛事发展脉络，厘清关键问题，破除机制障碍，真正实现"文化提炼品牌、体育打造形象、旅游落地发展"。

（四）发展力评价

近年来临海市以打造"长三角地区户外运动胜地"为目标，先后建设了括苍山越野徒步、江南大峡谷运动休闲、安基山滑翔伞、东矶列岛海岛公园等户外运动基地。同时，创办了柴古唐斯括苍越野赛。越来越多的市民爱上户外运动，积极参与户外运动比赛。临海市当前正全力推进体育与文化、旅游的深度融合，致力于文化提炼品牌、体育打造形象、旅游落地发展的模式探索，运用了多方协同的商业赛事机制。从千年台州府城，跑向括苍之巅，这是从平常跑向时尚，从历史跑向未来，体现了"坚韧不拔、永不言弃的体育精神"。台州政府将以此为载体，以文旅融合发展为目标，为台州府城文化旅游区和括苍山注入运动时尚元素。

三、核心基因保存

  "原生态的赛事路线""坚韧不拔、永不言弃的体育精神""多方协同的商业赛事机制"作为柴古唐斯越野赛的核心基因，资料保存情况如下：《关于做强品牌赛事促进文旅体深度融合的探索与思考》《发挥山水资源优势，打造户外运动之城》等3篇文字资料保存于台州临海基因解码调查组资料库。

"浙江文化基因丛书"后记

　　浙江濒海多山，古为百越之地，地少民贫。先民断发文身，披荆斩棘，筚路蓝缕，艰苦创业，卧薪尝胆，徐图自强，始稍为中原所识。山海情怀，越地长歌，独特的地理人文环境孕育出浙江艰苦奋斗、励精图治、百折不挠、勇攀高峰的地域文化性格和兼容并包、发展创新的人文精神。因以鸟虫篆、《越人歌》为表征的楚越文化交融和徐偃王流亡越地、勾践北上争霸等历史事件的发生，越地逐渐融入中原文明。及至东晋衣冠南渡，中原贤良缙绅避乱会稽，兰亭雅集、永嘉诗会，王谢风流所及，中原文化和越文化相互碰撞融合，这片神奇的土地在吸收大量中原先进文化基础上，生发出更多独具特色、丰富璀璨的文化颗粒，散点分布于浙江的山山水水之间。

　　隋唐以降，一条大运河通到钱塘，凡所流经之县域，皆成人文渊薮。浙东唐诗之路，如明珠嵌璧；越窑青瓷，千峰翠色风靡长安。浙江依托这条水上"高速公路"迅速崛起，在经济高效快速地融于全国的同时，也向全国展现了别样精彩的浙江文化，对中原产生巨大影响。唐末五代中原战乱之际，吴越国钱王保境安民，举世惶惶而越地独安，浙江又一次成为全国士子避祸传学之地，浙江的原生文化和中原文化水乳交融，极大地提高了浙江的人文学术水平。及至南宋定都临安（今浙江杭州），孔裔迁衢，杭州乃至浙江逐渐成为中华文化传承发展中心、全国的文化学术高地。有元一代，人文日渐凋敝，而浙江独领风骚。湖州赵孟頫成为有元一代赓续中华文脉之砥柱。赫赫有名的"元四家"，黄公望（常熟人，曾隐居富春）、王蒙（湖州人，曾隐居临平）、吴镇（嘉兴人，曾卖卜钱塘）、倪瓒（无锡人，曾浪迹太湖）在学习传承赵孟頫的文化艺术精髓基础上，各显其能，自成面目，为传承发展中华文化艺术作出了卓越贡献。明清以来，浙江士林，更为全国翘楚，文化勃兴，领袖群伦。浙江文脉渊深，有容乃大，继承发展，才俊迭起。事功之学、阳明心学、浙东学派、南戏越剧、《古文观止》、丝瓷茶剑、西泠印社、兰亭雅集等，更是中华文化中耀眼的明珠。浙东音声，渐如潮涌；黄钟大吕，照灼云霞。

晚清时期，中华危亡。辛亥鼎革，浙江文化所孕育的优秀儿女更是为中华千古未有之变局作出了重要贡献，秋瑾、徐锡麟、蔡元培、章太炎、鲁迅等，允文允武，可歌可泣，数不胜数。为全面赶上世界发展，全省各地掀起了重视文教事业、培养人才、发展经济的高潮。各类藏书楼、图书馆、新式院校纷纷创设，浙江人又一次发扬卧薪尝胆、奋力赶超的浙江精神，使浙江成为当时全国省域文化发达、人才众多的省份。

新中国成立后，浙江人励精图治，无论干部还是群众，都本着务实精神，立足现状，踔厉前行。即便在"文革"时期，浙江的经济、文化发展水平都显著好于其他兄弟省市，这和浙江人文内核的务实精神和文化基因的原生动力息息相关。改革开放以来，浙江更是勇做弄潮儿，充分发挥"四千精神"，培养人才，发展经济，以全国陆域较少、自然资源缺乏的省份，一举成为名列前茅的文化大省、经济强省。

历数千年，浙江以落后的山林草野原生文化，不断与吴楚和中原文化交融互鉴，融合创新，发展壮大，绝非历史偶然。浙江以其独特的文化基因和历史面貌正引起国内外专家学者的广泛兴趣，以期通过对浙江文化的研究来更好地理解中华文明，为中华文明的伟大复兴寻径探源，通过解析全省多点、散点分布的各类文化颗粒和文化价值观、文化形态、文化载体，系统研究、条分缕析在地文化基因和独特的文化原动力。构建中国文化基因理念体系，挖掘文化遗产背后蕴含的哲学思想、人文精神、价值观念、道德规范，是一项新课题、新任务。浙江在推动高水平文旅融合、建设共同富裕示范区的进程中，以解码文化基因为切入点，为构建中国文化基因理念体系提供地方经验。

研究浙江文化基因，就是对披着传统文化外衣的各类庸俗低俗的迷信活动加以甄别，科学分析，正本清源。以挖掘、激活浙江的优秀文化基因为抓手，推进文旅深度融合；有机整合乡村文化礼堂、农家书屋、场馆院团、城市书房等城乡文化资源，丰富群众文化活动。拓展新型公共文化空间，持续推动优质文化资源直达基层。为人民群众创造一个良好的文化大环境，强化文化自觉和文化自信；为浙江文化高质量传承发展厘清路径，为新时代浙江发展优秀的社会主义先进文化打好基础。文化兴则国运兴，文化强则民族强。文化基因的研究以及激活应用是浙江建设文化强省的重要切入点，是民智之本、百年大计。

我们要深入学习贯彻党的二十大精神和习近平文化思想，全面挖掘和激活浙江文化基因，推动新时代中国特色社会主义文化建设。以高质量发展为目标、融合发展为重点，紧扣激活优秀文化基因、提供优秀文化产品这个中心，厚植浙江经济社会发展文化软实力。

2024 年 1 月，全省宣传思想文化工作会议提出，要全面贯彻习近平文化思想。浙江作为文化大省，肩负起新时代文化使命，在优秀传统文化的传承发展领域开展了积极的探索。我们要不断学习贯彻习近平总书记关于中华优秀传统文化的重要论述和关于文明交流互鉴的重要论述，让文化基因的研究成果走入校园、走进课堂，成为鲜活的爱国主义教育载体、生动的"课程思政"教育实践、开放的当代青少年国际视野素养培育抓手。将浙江文化基因研究成果制作成微视频"浙江文化基因"课程（双语），通过教育信息技术实现从碎片到整体、从实地到课堂、从单一到系列的 MOOC/SPOC 转换，实现浙江文化基因在青少年群体中的代际传递，助力文化基因融入当代、植根青年，实践出一条富有浙江特色的文化传承发展新路径，为中国"培养社会主义建设者和接班人"这一宏伟目标服务。

若有所成皆非易，凝心聚力要躬行。各地课题组在当地乡土专家和各地高校文史专家的鼎力协助下，进深山到大海，调研足迹遍布海澨山陬。通过田野调查、走访座谈、查阅历史卷宗、参考海量文献，历时五年形成的研究成果，凝聚了全省各地众多专家学者和乡土文化耆老的心血，他们为浙江的文化事业作出了很大贡献。致敬他们文化溯源的热忱，学习他们极深研几的精神，真诚感谢他们无私奉献的情怀。由于篇幅有限，涉及面广，无法一一详列参与者，在此一并致谢！

吴　越

甲辰年秋于杭州

续表

评价项目	评价因子	评价依据（特点）	是否
影响力评价	辐射的范围	具有全国性、世界性的影响力	
		具有长三角区域、浙江省影响力	
		具有市县、乡镇影响力	√
	提炼的高度	已经被古代文人士大夫和当代学者提炼为精神符号和理念理论	
		单纯的样式、造型、工艺技术规范	√
发展力评价	与当代精神追求和价值观念的契合	传统文化基因得到创造性转化、创新性发展；区域革命文化基因被完整继承、广泛弘扬；区域社会主义先进文化基因成为与浙江"三个地"相适应的文化高地	
		部分转化、部分弘扬、部分发展	√
		难以转化、难以弘扬、难以发展	
说明：基因特点评价是对解码出来的基因，根据本《导则》表2的要求，围绕"四个力"逐一对表打"√"，进行定性表述			

（一）生命力评价

细吹亭民俗活动距今约有150多年历史，相传由光绪年间"昭德社"成员张晓山率先发起，是临海民俗活动的重要组成部分。"结构精巧的彩亭""中和典雅的曲调风格""对比鲜明的艺术手法""礼乐教化、寓教于乐的思想""自娱自乐，普天同乐的理念"作为细吹亭的核心基因，在150多年的传承历史中亦保持了极其稳定的形态，一直延续至今未曾中断，呈现出强大的生命力。

（二）凝聚力评价

细吹亭距今约有150多年历史，它是闹元宵时的压轴节目，更是是台州府城文化中的重要组成部分。在古代，每逢